1

Aprender Inglés para Principiantes

Frases más Usadas en Inglés Para Hablar Como un Nativo. Aprenda Rápidamente Escuchando Frases, Historias Cortas, Lección de Gramática y Vocabulario

Autor

Accelerated Language Learning Institute

7

$29.00 free bonus for you!

If you love listening to audio books on-the-go, I have geat news for you. You can download the audio book version of this book for **FREE** just by signing up for a **Free 30-day audible trial!**

Audible Trial Benefits

As an audible customer, you will receive the below benefits with your 30-day free trial:

- FREE audible book copy of this book
- After the trial, you will get 1 credit each month to use on any audiobook
- Your credits automatically roll over to the next month if you don't use them
- Choose from Audible's 200,000 + titles
- Listen anywhere with the Audible app across multiple devices
- Make easy, no-hassle exchanges of any audiobook you don't love
- Keep your audiobooks forever, even if you cancel your membership
- And much more

Introducción

Todos sabemos por qué es tan importante aprender inglés. Es el lenguaje universal, lo que significa que el inglés actúa básicamente como tu carta de presentación en todo el mundo. Tienes que saber inglés si vas a viajar a cualquier país que no sea hispanoparlante. El inglés será siempre el camino para comunicarse con personas que no compartan tu idioma nativo, puesto que es mucho más probable que un ruso se defienda en inglés a que sepa hablar y entender el castellano. Más que esto, el inglés se ha vuelto tan importante que es una ventaja enorme en el mundo laboral. La mayoría de los puestos de trabajo exigen cierto nivel de inglés, y los que no, de todos modos van a preferir contratar a alguien que sepa inglés en lugar de alguien que no lo maneje. Los hechos hablan por sí mismos, aquellos que saben inglés viven en un mundo distinto, un mundo mejor, que aquellos que sólo saben hablar castellano.

Considerando todo lo previamente planteado, es natural que estés inclinado a aprender inglés. Quizás nunca has tenido la oportunidad de aprender y estás buscando cómo entrar al mundo de este idioma. Quizás recibiste clases de inglés en tu educación básica que fueron ineficientes en volverte bilingüe. Sea cual sea tu realidad, aprender inglés, así como cualquier otro idioma, puede volverse muy complicado. Hay demasiada información en Internet que puede ser más bien confusa y poco creíble. Los cursos pagos, ya sean en línea o presenciales, así como los tutores personales tienden a ser muy costosos. Es una apuesta muy grande considerando que muchos pasan por ellos sin aprender inglés de la manera correcta. La realidad es que necesitas un método para aprender inglés que esté probado, sea efectivo, rápido, y seguro; este libro es la respuesta a esa necesidad.

En estas páginas aprenderás a escribir y hablar inglés con seis simples pasos consecutivos. El libro está diseñado para que lleves el aprendizaje de principio a fin, practicando y aprendiendo a cada paso que des. Al final del libro habrás aprendido a llevar conversaciones básicas en inglés que te permitirán ser turista en cualquier parte del mundo. Podrás presentarte, hablar, agendar citas, llevar conversaciones formales e informales, y muchas otras cosas más. También vas a comprender el inglés a un nivel gramatical, los tiempos verbales, verbos regulares e irregulares, entre otros conceptos básicos que necesitarás en tu camino por la lengua anglosajona. Tómate tu tiempo, practica, sigue las instrucciones, y cuando termines tendrás todas las herramientas que necesitarás para aprender inglés.

Capítulo Uno: Hello (Hola)

Los Cinco Conceptos Principales del Lenguaje Inglés

Para empezar con el aprendizaje del inglés, primero hay que entender cinco conceptos que afectan el lenguaje y la pronunciación de este.

1. Formal/Informal: Existe una diferencia clara en cuanto al vocabulario y las palabras que se usan en situaciones formales e informales. No es lo mismo tener una conversación en una taberna con amigos a tener la misma conversación en un ambiente laboral.

2. Signos de puntuación: En particular los signos de interrogación y exclamación están simplificados en el inglés. Para escribir una pregunta en castellano, es necesario abrir la pregunta con un "¿" y cerrarla con un "?"; esto delimita sin lugar a errores la extensión de la pregunta. Lo mismo ocurre en exclamación, siendo que es abierta con "¡" y cerrada con "!". Lo mismo no ocurre en el inglés. Tanto las exclamaciones como las interrogaciones se escriben sólo con el signo del final. Tomemos un par de ejemplos simples para ilustrarlo:

   ¿Qué vamos a comer hoy? (en castellano) / What are we eating today? (en inglés)

   ¿Cuánto por ese teléfono? (en castellano) / How much for that cellphone? (en inglés)

   Esto hace que el inglés dependa mucho más del contexto en el que se escriben las cosas, así como los demás signos de puntuación que puedan aparecer en el texto.

3. El género en el lenguaje: Las palabras en inglés tienen una tendencia a ser de género neutro. Donde las palabras en castellano tienen género, y tendrás "automóvil" como masculino y "bicicleta" como femenino, sus equivalentes en inglés son "car" y "bicycle". Siendo que automóvil lleva el artículo masculino (el automóvil), y bicicleta el femenino (la bicicleta),

ambos se escribirán con un artículo neutro en inglés. Este artículo puede ser "the" cuando se habla de un objeto en específico (the car and the bicycle), o "a" si no se habla de ninguno en particular (a car and a bicycle). Lo mismo ocurre con los sustantivos comunes. El sustantivo para hablar de amistad en castellano tiene género, se habla de amigo si es hombre y femenino si es mujer. En inglés sólo dirás "friend", siendo que el género de la persona referida se determinará por los pronombres y el contexto en que se diga.

4. No existe el acento diacrítico: En el inglés existe el acento ortográfico. Es decir, siempre habrá una vocal acentuada en cada palabra del inglés. Sin embargo, en ningún momento estas vocales acentuadas llevarán una tilde o acento diacrítico (á-é-í-ó-ú) sobre ellas. Otros símbolos como la diéresis (ä-ë-ï-ö-ü) tampoco se usan, a excepción de casos contados como nombres propios y palabras adoptadas de otros idiomas. Un ejemplo de esto es la palabra "naïf", variante francesa usada en el inglés de la palabra inglesa "naive" que significa ingenuo (se pronuncia "naiv).

5. La pronunciación del inglés: La mayoría de los turistas hispanoparlantes en países anglosajones son reconocidos por su marcado acento. El castellano nos enseña a pronunciar con mucha fuerza las vocales y las consonantes. La pronunciación en inglés será más sutil. Tienes que tener esto en cuenta cuando leas la pronunciación de las palabras presentadas en este libro.

Por poner un ejemplo, "happy" (feliz) se pronuncia como *ja-pi*, en este sentido:

Ha -> ja

Ppy -> pi

Sin embargo, tanto la j como la i son menos marcadas que en castellano. Otro ejemplo perfecto es la palabra "rain" (lluvia), que se pronuncia como *rein*. La r en rain es mucho menos marcada a como se pronunciaría en castellano, siendo apenas un movimiento sutil de la lengua en el paladar.

Tienes otras particularidades de pronunciación en inglés que no existen en castellano, como el "th". El "th" en inglés se pronuncia tocando con los dientes incisivos superiores con la punta de la lengua. A veces se vocaliza, en cuyo caso la pronunciación es similar a una "d" o una "t"; en estos casos es sencillo de representar en esa variante. Tomemos por ejemplo la palabra inglesa para cuero:

Leather -> Le-a-ter

Siempre que se entienda que esa t se pronuncia con la lengua en los incisivos, y es más sutil y "aireada" que una t normal en castellano, la pronunciación se realizará sin problemas. El problema viene cuando el "th" no se vocaliza. En estos casos la pronunciación más similar en castellano es la z (como es pronunciada por los españoles). Esta z es, una vez más, pronunciada con la lengua en los incisivos, una pronunciación aireada, tratando de alejar el sonido de la consonante s, y sutil. Podemos tomar como ejemplo la palabra anglosajona para delgado, esbelto, o fino:

Thin -> Zin

Esto lo asimilarás mejor con práctica y escuchando la pronunciación de forma verbal. Lo importante es entender cómo se pronuncia esto exactamente para identificar la fonética cuando se vea representada como d, t, o z en este libro.

Otra particularidad en inglés que no existe en el castellano moderno es el "sh". En inglés, tanto el "ch" como el "sh" existen. El "ch" por lo general se pronuncia tal como se pronunciaría en castellano. El "sh", por otro lado, es más bien una versión suavizada del "ch"; como una especie de híbrido entre el sonido de "ch" y el sonido de la x. Podemos ilustrarlo con la palabra inglesa para zapatos:

Shoes –> Chues

En este caso, la e de "chues" es tan sutil y cerrada que es casi una u. La ch, en representación de la sh anglosajona, es más bien una versión arrastrada y suavizada de la ch a la que estamos acostumbrados.

La experiencia te enseñará a pronunciar estas particularidades correctamente, pero el primer paso lo darás ahora mismo para que se te haga más fácil más adelante. Debes aprender que el inglés trata las letras de una forma más sutil y menos marcada que el castellano, y también tiene cosas nuevas que no existen en este idioma. Simplemente son idiomas que pronuncian distinto, y debes aprender a manejar las diferencias entre uno y otro.

Saludos

Lo primero que harás al conocer a alguien, o al encontrarte con alguien, será saludar. El inglés tiene varias palabras y frases que cumplen este propósito, desde lo formal hasta lo informal. Es necesario que conozcas estos términos, tanto para que los uses como para que los reconozcas cuando alguien te los diga.

Formal/Informal	La Palabra	Pronunciación	El Significado
Formal/Informal	Hello	Jel-lou	Hola.
Formal/Informal	Good morning	Gud mour-nin	Buenos días. La u en "mour" es sutil.
Formal/Informal	Good afternoon	Gud af-ter-nun	Buenas tardes
Formal/Informal	Good evening	Gud iv-nin	Buenas noches (saludando)
Formal/Informal	Good night	Gud nait (la t es la th vocalizada).	Que tenga buenas noches (de despedida). La t al final es sutil.
Formal/Informal	Good day	Gud dai (la t es la th vocalizada).	Buen día, que puede ser usado en la mañana o

			en la tarde.
Formal/Informal	It's nice to meet you	Its nais tu miit yiu	Ha sido un agrado conocerte (usado al conocer a alguien).
Formal/Informal	How are you doing?	Jau ar yiu duin	¿Cómo te va?/¿Qué tal estás?
Formal	How have you been?	Jau jav yiu biin	¿Cómo has estado?
Formal	How do you do?	Jau du yiu du	Good luck
Formal	Greetings	Grii-tins	Saludos. La r es sutil.
Formal	Pleased to meet you	Plia-sed tu miit yiu	Un placer conocerte (usado al conocer a alguien). El "sed" en esta palabra es sutil.
Informal	Hi	Jai	Hola.
Informal	Hiya	Jai-ia	Una variación de hola, usada más que todo en el Reino Unido.
Informal	Hey!	Jei	Hola.
Informal	Hey there!	Jei der	Variación del "hey", con el mismo significado.
Informal	What's up?	Vuats op	¿Qué hay de Nuevo?
Informal	'Sup?	Sop	Abreviación del "What's up?",

			con el mismo significado.
Informal	Whazzup?	Vuaz-zup	Variante abreviada del "What's up?", con el mismo significado.
Informal	Yo	You	Una variante del "'Sup?", con el mismo significado. La u en esa pronunciación es sutil.
Informal	'Morning	Mour-nin (la u de "mour" es sutil).	Abreviación del "Good morning", con el mismo significado; significa buenos días. La u en mour es sutil.
Informal	'Afternoon	Af-ter-nun	Abreviación del "Good afternoon", con el mismo significado; significa buenas tardes.
Informal	'Evening	Iv-nin	Abreviación del "Good evening", con el mismo significado; significa buenas noches.

Informal	How you doing?	Jau yiu duin	Abreviación del "How are you doing?", con el mismo significado. Significa ¿Cómo te va?
Informal	What's new?	Vuats niu	¿Qué hay de nuevo? La vocal u en vuats es sutil.
Informal	How's things?	Jaus zings (la z es la th no vocalizada).	¿Cómo están las cosas?
Informal	How's it going?	Jaus it goin	¿Cómo va todo?
Informal	What's happening?	Vuats ja-pe-nin	¿Qué ocurre?
Informal	How's life?	Jaus laif	¿Cómo está la vida?
Informal	It's good to see you	Its gud tu sii yiu	Qué Bueno es verte. Se usa principalmente cuando no se ha visto a la persona en un buen tiempo.
Informal	Long time no see	Lon taim no sii	Tiempo sin verte.
Informal	It's been a while	Its biin a vuail	Ha sido mucho tiempo. Se usa cuando ha pasado tiempo desde la última vez que se vio a

			la persona. Las vocales en vuail son sutiles, resaltando más la a, seguida de la i.
Informal	Howdy!	Jau-di	Abreviación que combina el "hola" con el "how are you doing?". Es particular de los EEUU y Canada.

Las Bases de Una Conversación

El Decirle tu Nombre a Alguien (por ejemplo: mi nombre es.....):
(Formal)

My name is .... What's your name?

Pronunciación: Mai neim is .... Vuats yiur nem

Traducción: Mi nombre es .... ¿Cómo te llamas?

(Informal)

My name is .... What's yours?

Pronunciación: Mai neim is .... Vuats yiurs (la i en "neim" es sutil).

Traducción: Mi nombre es .... ¿Y el tuyo?

Preguntarle a Alguien su Nombre (Por ejemplo: ¿Cómo te llamas?)
(Formal)

How are you called?

Pronunciación: Jau ar yiu cald (la d en "cald" es sutil).

Traducción: ¿Cómo te llamas?

(Formal/Informal)

How may I call you?

Pronunciación: Jau mei ai cal yiu.

Traducción: ¿Cómo he de llamarte?

What's your name?

Pronunciación: Vuats yiur neim (la i en "neim" es sutil).

Traducción: ¿Cuál es tu nombre?

What's your last name?

Pronunciación: Vuats yiur last neim (la I en "neim" es sutil).

Traducción: ¿Cuál es tu apellido?

Las Respuestas a las Preguntas Previas

I'm called ....

Pronunciación: Aim cald .... (la d en "cald" es sutil).

Traducción: Yo me llamo ....

You may call me ....

Pronunciación: Yiu mei cal mi ....

Traducción: Haz de llamarme ....

My name is ....

Pronunciación: Mai neim is .... (la i en "neim" es sutil).

Traducción: Mi nombre es ....

My last name is ....

Pronunciación: Mai last neim is .... (la t en "last" y la i en "neim" son sutiles).

Traducción: Mi apellido es ....

Preguntarle a Alguien Cómo Está (Por ejemplo: ¿Cómo estás?)

Algunas de estas frases se usan también a modo de saludo, puesto que es costumbre el saludar haciendo esta pregunta.

(Formal)

How are you?

Pronunciación: Jau ar yiu.

Traducción: ¿Cómo estás?

(Formal/Informal)

How are you doing?

Pronunciación: Jau ar yiu duin.

19

Traducción: ¿Cómo te va?

Are you alright?

Pronunciación: Ar yiu al-raigt (la g en "raigt" es sutil, y la t es la th vocalizada).

Traducción: ¿Te encuentras bien?

Is everything alright?

Pronunciación: Is e-vri-zing al-raigt (la z en "zing" es la th no vocalizada. La t en "raigt" es la th vocalizada. La g en "raigt" es sutil).

Traducción: ¿Está todo bien?

(Informal)

Are you ok?

Pronunciación: Ar yiu ou-kei (la u en "ou" y la i en "kei" son sutiles).

Traducción: ¿Estás bien?

Is everything ok?

Pronunciación: Is e-vri-zing ou-kei (la z en "zing" es la th no vocalizada. La u en "ou" y la i en "kei" son sutiles).

Traducción: ¿Está todo bien?

Para Hablar de tu Bienestar

Estas vendrían a ser respuestas a las preguntas anteriores, pero también puedes usarlas siempre que aplique hablar de tu bienestar.

(Respuestas Positivas)
(Formal)

I'm good.

Pronunciación: Aim gud.

Traducción: Estoy bien.

I'm great.

Pronunciación: Aim greit.

Traducción: Estoy genial.

(Formal/Informal)

I'm grand.

Pronunciación: Aim grand (la d en "grand" es sutil).

Traducción: Estoy grandioso.

I'm doing good.

Pronunciación: Aim duing gud (la g en "duing" es sutil).

Traducción: Me va bien.

I'm doing great.

Pronunciación: Aim duing greit (la g en "duing" es sutil).

Traducción: Me va genial.

Everything's good.

Pronunciación: E-vri-zings gud (la z de "zings" es la th no vocalizada, y la s es sutil).

Traducción: Todo está bien.

(Informal)

Things are great.

Pronunciación: Zings ar greit (la z de "zings" es la th no vocalizada, y la s es sutil).

Pronunciación: Las cosas están bien.

Things are just fine

Pronunciación: Zings ar jiust fain (la z de "zings" es la th no vocalizada. La s de "zings" y la i de "jiust" son sutiles).

(Respuestas Negativas)

(Formal)

I'm bad.

Pronunciación: Aim bad.

Traducción: Estoy mal.

I'm terrible.

Pronunciación: Aim te-rri-ble (la e en "ble" es tan cerrada que es casi una u).

Traducción: Estoy terrible.

(Formal/Informal)

Things are bad.

Pronunciación: Zings ar bad (la z de "zings" es la th no vocalizada, y la s es sutil).

Traducción: Las cosas están mal.

(Informal)

Things turned South.

Pronunciación: Zings turnd saut (la z de "zings" es la th no vocalizada, y la s es sutil. El sonido de las r, n, y d en "turnd" debe ser tan pegado como sea posible).

Traducción: Las cosas salieron mal.

Things turned sour.

Pronunciación: Zings turnd saur (la z de "zings" es la th no vocalizada, y la s es sutil. El sonido de las r, n, y d en "turnd" debe ser tan pegado como sea posible).

(Respuestas Neutrales)
(Formal/Informal)

It's not bad.

Pronunciación: Its not bad.

Traducción: No está mal.

Everything's regular.

Pronunciación: E-vri-zings re-gu-lar (la z de "zings" es la th no vocalizada, y la s es sutil).

(Informal)

'Can't complain.

Pronunciación: Cant com-plein.

Traducción: No me puedo quejar.

I've been better.

Pronunciación: Aiv bin bet-ter.

Traducción: He estado mejor.

I've been worse.

Pronunciación: Aiv bin vuors (la u en "vuors" es sutil).

Traducción: He estado peor.

It is as it is.

Pronunciación: It is as it is.

Traducción: Es como es.

Nota: Puedes agregar "thank you" al final de la respuesta. Se traduce como gracias, y es señal de agradecimiento por la preocupación de la otra persona. Se pronuncia zank yiu, donde la z de "zank" es la th no vocalizada.

Ejemplo de Una Conversación Formal

Young man: Good morning, miss. (Buenos días, señorita).

Young woman: Good morning to you, mister. (Buenos días a usted, señor).

Young man: How may I call you? (¿Cómo he de llamarte?).

Young woman: You may call me Elizabeth. What's your name? (Haz de llamarme Elizabeth).

Young man: Elizabeth, nice to meet you. My name is Percy. (Elizabeth, un placer conocerte, mi nombre es Percy).

Young woman: Nice to meet you Percy. (Un placer conocerte Percy).

Young man: How are you this day, Elizabeth? (¿Cómo te encuentras este día, Elizabeth?).

Young woman: I'm good, Percy, how are you? (Estoy bien, Percy ¿Tú cómo estás).

Young man: I'm great, thank you. It's been a pleasure, Elizabeth. (Estoy genial, gracias, ha sido un placer).

Young woman: It's been a pleasure indeed, Percy. (Sí ha sido un placer, Percy).

Ejemplo de Una Conversación Informal

Mark: Hi! (¡Hola!).

Jenny: Hello! (¡Hola!).

Mark: What's your name? (¿Cuál es tu nombre?).

Jenny: I'm Jenny, and you? (Yo soy Jenny ¿Y tú?).

Mark: The name's Mark. How're you doing, Jenny? (El nombre es Mark ¿Cómo te va Jenny?).

Jenny: Things are good, what about you? (Todo está bien ¿Qué hay de ti?).

Mark: 'Can't complain. It's been a real pleasure. (No me puedo quejar. Ha sido un verdadero placer).

Jenny: That it was, Mark. (Eso ha sido, Mark).

Los Números (The Numbers)

De los números, cardinal viene a referirse a la cantidad, mientras que ordinal habla del orden. La cuenta llegará hasta 31 debido a que el patrón se repite después de esto. Posterior a esto se dirán los números que necesitarás para seguir el patrón por ti mismo.

Número	Cardinal	Pronunciación	Ordinal	Pronunciación
0	Zero	Ci-ro	- - -	- - -
1	One	Uan	First	First (la i es tan abierta que parece e, y la t es sutil).
2	Two	Tu	Second	Se-cond (la d es sutil).
3	Three	Trii (la t es la th vocalizada).	Third	Terd (la t es la th vocalizada, y la e es tan cerrada que se aproxima a una i).
4	Four	Four (la o es sutil).	Fourth	Fort (la t es la th vocalizada).
5	Five	Faiv	Fifth	Fift (la t es la th vocalizada).
6	Six	Six	Sixth	Sixt (la t es sutil).
7	Seven	Se-ven	Seventh	Se-vent (la t es la th vocalizada).
8	Eight	Eigt (la t es la th vocalizada).	Eighth	Eigt (la t es la th vocalizada).
9	Nine	Nain	Ninth	Naint (la t es la th vocalizada).
10	Ten	Ten	Tenth	Tent (la t es la th vocalizada).

11	Eleven	I-le-ven	Eleventh	I-le-vent (la t es la th vocalizada).
12	Twelve	Tuelv (la v es sutil).	Twelvth	Tuelvt (la t es la th vocalizada).
13	Thirteen	Ter-tiin (ambas t son ths vocalizadas).	Thirteenth	Ter-tiint (todas las t son ths vocalizadas).
14	Fourteen	Four-tiin (la u es sutil).	Fourteenth	Four-tiint (la t es la th vocalizada, y la u es sutil).
15	Fifteen	Fif-tiin- (la i de "fif" es tan abierta que se aproxima a una e).	Fifteenth	Fif-tiint (la última t de "tiint" es la th vocalizada. La i de "fif" es tan abierta que se aproxima a una e).
16	Sixteen	Six-tiin	Sixteenth	Six-tiint (la t es la th vocalizada).
17	Seventeen	Se-ven-tiin	Seventeenth	Se-ven-tiin (la t es la th vocalizada).
18	Eighteen	Eig-tiin (la g es sutil).	Eigteenth	Eig-tiint (la t es la th vocalizada).
19	Nineteen	Nain-tiin.	Nineteenth	Nain-tiint (la t es la th vocalizada).
20	Twenty	Tue-ni (la u es sutil).	Twentieth	Tue-niet (la t de "niet" es la th vocalizada. La u de "tuen" y la i de "niet" son sutiles).
21	Twenty-one	Tue-ni uan	Twenty-first	Tue-ni ferst (la e de "ferst" es tan cerrada que se aproxima a una i, y la t de

				"ferst" es sutil).
22	Twenty-two	Tue-ni tu	Twenty-second	Tue-ni se-cond (La d es muy sutil).
23	Twenty-three	Tue-ni trii	Twenty-third	Tue-ni terd (la t de "terd" es la th vocalizada, y la e es tan cerrada que tiende a la i).
24	Twenty-four	Tue-ni four (la u es sutil).	Twenty-fourth	Tue-ni fort (la t de "fort" es la th vocalizada).
25	Twenty-five	Tue-ni faiv	Twenty-fifth	Tue-ni fift (la t de "fift" es la th vocalizada).
26	Twenty-six	Tue-ni six	Twenty-sixth	Tue-ni sixt (la t de "sixt" es sutil).
27	Twenty-seven	Tue-ni se-ven	Twenty-seventh	Tue-ni se-vent (la t de "vent" es la th vocalizada).
28	Twenty-eight	Tue-ni eigt (la t de "eigt" es la th vocalizada).	Twenty-eighth	Tue-ni eigt (la t de "eigt" es la th vocalizada).
29	Twenty-nine	Tue-ni nain	Twenty-ninth	Tue-ni naint (la t en "naint" es la th vocalizada).
30	Thirty	Ze-ri (la z es la th no vocalizada).	Thirtieth	Ze-riet (la z de "ze" es la th no vocalizada. La t de "riet" es la th vocalizada).
31	Thirty-one	Ze-ri uan (la z es la th no vocalizada).	Thirty-first	Ze-ri ferst (la z de "ze" es la th no vocalizada. La e de "ferst" es tan cerrada que se aproxima

				a una i, y la t es sutil).
40	Forty	Fo-ri.	Fortieth	Fo-rit (la t es la th vocalizada).
50	Fifty	Fif-ti	Fiftieth	Fif-tit (la última t es la th vocalizada).
60	Sixty	Six-ti	Sixtieth	Six-tit (la última t es la th vocalizada).
70	Seventy	Se-ven-ti	Seventieth	Se-ven-tit (la última t es la th vocalizada).
80	Eighty	Eig-ti	Eightieth	Eig-tit (la última t es la th vocalizada).
90	Ninety	Nain-ti	Ninetieth	Nain-tit (la última t es la th vocalizada).
100	One hundred	Uan jon-dred	Hundredth	Jon-dret (la última t es la th vocalizada.
200	Two hundred	Tu jon-dred	Two hundredth	Tu jon-dret (la última t es la th vocalizada).
500	Five hundred	Faiv jon-dred	Five hundredth	Faiv jon-dret (la última t es la th vocalizada).
1,000	One thousand	Uan dou-san (la d es la th vocalizada, y la u de "dou" es sutil).	Thousandth	Dou-sant (la d y la t son ths vocalizadas. La u de "dou" es sutil).
1,500	One thousand five hundred	Uan dou-san faiv jon-dred (la d de "dou" es la th vocalizada, y la u de "dou" es sutil).	One thousand five hundredth	Uan dou-san faiv jon-dret (la d de "dou" y la t de "dret" son ths vocalizadas, y la u de "dou" es sutil).

1,000,000	One million	Uan mi-lion	Millionth	Mi-liont (la t es la th vocalizada).

En inglés se usa la "," como separador de millares. También verás el "." Para separar los números enteros de los decimales. Esto se opone a la costumbre hispana para la escritura de los números arábigos. Por ende, un millón se escribe en inglés como "1,000,000.00", en lugar del "1.000.000,00" al que estarás ya acostumbrado.

Existe una forma alternativa de escribir los números que van desde 1,000 hasta 9,999, y es seguir el patrón de los "cientos" en decenas. Es decir, en lugar de llamar al 1,000 "one thousand" se llamaría "ten hundred", el "four thousand" pasaría a ser "forty hundred", y así en adelante hasta "ninety hundred ninety nine". Esta forma de llamar los números es un poco más informal que la otra forma tradicional. El cero, de forma más informal, también puede ser llamado como la letra o. En este caso se pronuncia "ou" donde la u es sutil.

Decimales

El patrón y las reglas para nombrar los decimales son más sencillos en inglés. Simplemente se menciona el punto y luego se escriben los números que vienen luego al punto uno tras otro. El punto se escribe "point", y se deletrea po-int, donde la t es sutil.

0.1 point one

0.23 point two three

0.57 point five seven

2.63 two point six three

0.5 point five

0.25 point two five

0.7018 point seven zero one eight

7.908-seven point nine zero eigth

Esta forma de llamar los decimales es universal a menos que se trate de una moneda. En caso de que sea una moneda, los decimales toman el nombre que los representaría en esa moneda. Tomemos por ejemplo 9.95 dólares americanos:

9.95 -> Nine dollars and ninety five cents (nueve dólares con noventa y cinco centavos).

28

Una alternativa más informal para esta cifra monetaria incluye "nine ninety five". Dollars se pronuncia "dol-lars", mientras que cents se pronuncia "cents", donde la t es sutil.

Fracciones

Las fracciones en inglés siguen una regla simple. El numerador se escribe en cardinal y el denominador en ordinal. El denominador irá en plural siempre que el numerador sea mayor a 1, y si el denominador es 2 se habla de "half" (mitad, se pronuncia jalf) si es una sola mitad, o "halves" (mitades se pronuncia jalvs) si son varias mitades.

1/3 one third	2/4 two fourths
5/8 five eighths	11/3 Eleven thirds
1/2 one half	6/2 six halves

Los Meses del Año (The Months of the Year)

Mientras que los meses en castellano no se escriben en mayúscula, los meses en inglés siempre van a ir en mayúscula.

Mes del Año	Pronunciación
January	Ja-nua-ri (la u de "nua" es sutil).
February	Fe-brua-ri (la u de "brua" es sutil).
March	March
April	Ei-pril (la I de "ei" es sutil)
May	Mei
June	Yun
July	Yu-lai
August	O-gost
September	Sep-tem-ber
October	Oc-to-ber
November	No-vem-ber
December	Di-cem-ber

29

Los Días de la Semana (The Days of the Week)

De la misma manera en que funcionan los meses del año, los días de la semana en inglés van en mayúscula.

Día	Traducción	Pronunciación
Monday	Lunes	Mon-dei
Tuesday	Martes	Tius-dei
Wednesday	Miércoles	Wedns-dei
Thursday	Jueves	Turs-dei (la t es la th vocalizada).
Friday	Viernes	Frai-dei
Saturday	Sábado	Sa-tor-dei (la o se aproxima a la u).
Sunday	Domingo	Son-dei (la o se aproxima a la u).

El Alfabeto (The Alphabet)

Letter	Pronunciation
A	Ei (la i es sutil).
B	Bi
C	Ci
D	Di
E	I
F	Ef
G	Gi
H	Eich
I	Ai
J	Yei
K	Kei
L	El
M	Em
N	En
O	Ou (la u es muy sutil)
P	Pi
Q	Quiu
R	Ar

S	Es
T	Ti
U	Iu
V	Vi
W	Do-bliu
X	Ex
Y	Uai
Z	Zi

Es importante aprender la pronunciación de las letras porque determina cómo se escriben varias palabras. Cuando la o se pronuncia como o en inglés (que su fonética sea la del "o", no la del "u" que es la fonética para dos "o" seguidas como en "good), siempre llevará consigo la pronunciación muy sutil de "u" después del o.

Preguntar Cómo se Deletrea Algo (To Ask Someone the Spelling of Something)
(Formal)

How do you spell that?
Pronunciación: Jau du yiu spel dat (la d de "dat" es la th vocalizada).
Traducción: ¿Cómo deletreas eso?

Could you spell that for me please?
Pronunciación: Culd yiu spel dat for mi plis (la a de can se aproxima a la e. La d de "dat" es la th vocalizada).

(Formal/Informal)
How do you write that?
Pronunciación: Jau du yiu vruait dat (la u de "vruait" es sutil, y la d de "dat" es la th vocalizada).
Traducción: ¿Cómo se escribe eso?

Spell that for me, please.
Pronunciación: Spel dat for mi, plis (la d de "dat" es la th vocalizada).
Traducción: Deletrea eso para mi, por favor.

31

(Informal)

Spell that

Pronunciación: Spel dat (la d es la th vocalizada).

Traducción: Deletrea eso.

How's that spelled?

Pronunciación: Jaus dat speld (La d de "dat" y la d de "speld" son ths vocalizadas).

Traducción: ¿Cómo se deletrea eso?

Por ejemplo:

Persona 1 -> What's your name? - ¿Cómo te llamas?

Persona 2 -> My name's Gwen – Mi nombre es Gwen

Persona 1 -> How is that spelled? - ¿Cómo se deletrea eso?

Persona 2 -> G.W.E.N. – G.W.E.N.

Los Sonidos (The Sounds)

Letras	Sonido
Ee	Ii
Oo	Uu
Th	Z (no vocalizado) / T o D (vocalizado)
Ph	F
Sh	Ch (Suavizada y ligeramente arrastrada)
G	Yi
Ge (en ocasiones, al final de la palabra)	Ch (En ocasiones suavizada)
Tion	Chion

El Acto de Presentarte (To Present Oneself)

My name is ....

I'm Ecuadorian

Pronunciación: Aim e-cua-do-rian (la a de "rian" es sutil).

Traducción: Soy ecuatoriano/a.

32

I'm a college student.
Pronunciación: Aim ei co-lech stu-dent (la i de "ei" es sutil, y la ch de "lech" está suavizada y ligeramente arrastrada).
Traducción: Soy estudiante universitario/a.
I'm a highschool student.
Pronunciación: Aim ei jaig-scul stu-dent (la I de "ei" es sutil).
Traducción: Soy estudiante de secundaria.

I'm single.
Pronunciación: Aim sin-gol (la o se aproxima a una u).
Traducción: Soy soltero/a.

I'm married.
Pronunciación: Aim mar-ried (la e es sutil).
Traducción: Estoy casado/a.

I live at New York/ Washington/ Miami.
Pronunciación: Ai liv at niu-york/ vua-ching-ton/ Ma-ia-mi (la ch está suavizada y ligeramente arrastrada, y la g es sutil).
Traducción: Yo vivo en Nueva York/ Washington/ Miami.

I come from Harlem/ Rhode Island.
Pronunciación: Ai com from jar-lem/ roud ais-land (la u de "roud" y la d de "land" son sutiles).
Traducción: Vengo de Harlem/ Rhode Island.

I speak four languages, Spanish, French, Mandarin, and a little bit of English.
Pronunciación: Ai spik four lan-gua-yes, spa-nich, french, man-da-rin, and a li-tol bit of in-glich (la u de "four"es sutil. Las ch de "nich" y "French" están suavizadas y ligeramente arrastradas).
Traducción: Hablo cuatro idiomas, castellano, francés, mandarín, y un poco de inglés.

El Pedirle a Alguien que se Presente

(Formal)

Could you please introduce yourself?
Pronunciación: Culd yiu plis in-tro-dius yiur-self.
Traducción: ¿Podrías presentarte por favor?

(Formal/Informal)
Present yourself, please.
Pronunciación: Pre-sent yiur-self plis (la t de "sent" es sutil).
Traducción: Preséntate, por favor.

(Informal)
Who are you?
Pronunciación: Ju ar yiu
Traducción: ¿Quién eres tú?

El Presentar a Alguien (To Present Someone)
(Peter)

His name's Peter.
Pronunciación: Jis neims pi-ter.
Traducción: Su nombre es Peter.
He's Irish.
Pronunciación: Jis ai-rich (la ch está debilitada y ligeramente arrastrada).
Traducción: Él es irlandés.
He's single.
Pronunciación: Jis sin-gol.
Traducción: Él es soltero.
He's a veterinary.
Pronunciación: Jis a ve-te-ri-na-ri.
Traducción: Él es un veterinario.
He lives in Seattle.
Pronunciación: Ji livs in sia-tol.
Traducción: Él vive en Seattle.
He comes from the United Kingdom.
Pronunciación: Ji coms from di iu-nai-ted king-dom.

34

Traducción: Él viene del Reino Unido.

He speaks two languages.
Pronunciación: Ji spiks tu lan-gua-yes.
Traducción: Él habla dos idiomas.

(Jessica)

Her name's Jessica
Pronunciación: Jer naims yes-si-ca
Traducción: Su nombre es Jessica.

She's Japanese
Pronunciación: Chis ya-pa-nis (la ch está suavizada y ligeramente arrastrada).
Traducción: Ella es japonesa.

She's married.
Pronunciación: Chis ma-ried (la ch está suavizada y ligeramente arrastrada, y la d es sutil).
Traducción: Ella está casada.

She's a doctor.
Pronunciación: Chis a doc-tor (la ch está suavizada y ligeramente arrastrada).
Traducción: Ella es una doctora.

She lives in Georgia.
Pronunciación: Chi livs in yior-yia (la ch está suavizada y ligeramente arrastrada).
Traducción: Ella vive en Georgia.

She comes from Detroit
Pronunciación: Chi coms from di-troit (la ch está suavizada y ligeramente arrastrada, y la o de "troit" se aproxima a una a).
Traducción: Ella viene de Detroit.

She speaks three languages.
Pronunciación: Chi spiks trii lan-gua-yes.
Traducción: Ella habla tres idiomas.

Los Países y las Nacionalidades (The Countries and the Nationalities)

A diferencia del castellano, las nacionalidades siempre se escriben en mayúscula en el idioma inglés, como veremos a continuación. En esta lista nos limitaremos a mencionar aquellos países y nacionalidades con una diferencia importante en cuanto a deletreo y pronunciación; el resto de los países sigue el mismo patrón.

País	Nombre del País	Pronunciación	Nacionalidad	Pronunciación
Afganistán	Afghanistan	Af-ga-nis-tan	Afghani	Af-ga-ni
Albania	Albania	Al-be-nia	Albanian	Al-be-nian
Argelia	Algeria	Al-yi-ria	Algerian	Al-yi-rian
Argentina	Argentina	Ar-yen-ti-na	Argentinian	Ar-yen-ti-nian
Australia	Australia	Os-tre-lia	Australian	Os-tre-lian
Austria	Austria	Os-tria (la a de "tria" se aproxima a la e).	Austrian	Os-trian (la a de "trian" se aproxima a la e).
Bielorrusia	Belarus	Be-la-rus (la r es sutil).	Belarusian	Be-la-ro-sian
Bélgica	Belgium	Bel-yium (la u se aproxima a la o).	Belgian	Bel-yian (la a se aproxima a la e).
Brasil	Brazil	Bra-sil	Brazilian	Bra-si-lian
Camboya	Cambodia	Cam-bo-dia	Cambodian	Cambodian
Camerún	Cameroon	Ca-me-ruun	Cameroonian	Ca-me-ruu-nian
Canadá	Canada	Ca-na-da (la a de "na" se aproxima a una e).	Canadian	Ca-na-dian (la a de "na" se aproxima a una e).
Cabo Verde	Cape Verde	Ca-pe ver-de	Cape Verdean	Ca-pe ver-dian

República Centroafricana	Central African Republic	Cen-tral a-fri-can ri-po-blic (la a de "a" se aproxima a la e).	Central African	Cen-tral a-fri-can (la a de "a" se aproxima a la e).
China	China	Chai-na	Chinese	Chai-nis
Congo	Congo	Con-go	Congolese	Con-go-lis
Croacia	Croacia	Cro-e-sia	Croatian	Cro-e-chian (la ch es sutil).
República Checa	Czech Republic	Chec ri-po-blic	Czech	Chec
Dinamarca	Denmark	Den-marc	Danish	Da-nich (la a se aproxima a la e, y la ch está suavizada y arrastrada).
República Dominicana	Dominican Republic	Do-mi-ni-can ri-po-blic	Dominican	Do-mi-ni-can (la a se aproxima a la e).
Egipto	Egypt	E-yipt (la e se aproxima a la i).	Egyptian.	E-yip-tian (la e se aproxima a la i).
Etiopía	Ethiopia	E-tio-pia (la t es la th vocalizada).	Ethiopian	E-tio-pian (la t es la th vocalizada).
Finlandia	Finland	Fen-land	Finnish	Fe-nich (la ch está suavizada y arrastrada).
Francia	France	Frans	French	French
Alemania	Germany	Yer-ma-ni	German	Yer-man
Haití	Haiti	Ei-ti	Haitian	Ei-tian (la a se aproxima a la e).
Hungría	Hungary	Jun-ga-ri	Hungarian	Jun-ga-rian

				(ambas a se aproximan a una e).
Islandia	Iceland	Ais-land	Icelandic	Ais-lan-dic
Irlanda	Ireland	Aier-land	Irish	Ai-rich (la ch está suavizada y arrastrada).
Italia	Italy	I-ta-li	Italian	I-ta-lian
Jamaica	Jamaica	Ya-mei-ca	Jamaican	Ya-mei-can
Japón	Japan	Ya-pan	Japanese	Ya-pa-nis
Letonia	Latvia	Lat-via	Latvian	Lat-vian
Líbano	Lebanon	Li-ba-non	Lebanese	Li-ba-nis
Malasia	Malaysia	Ma-lei-chia (la ch está debilitada y ligeramente arrastrada).	Malayan	Ma-le-yan
Malta	Malta	Mal-ta	Maltese	Mal-tis
Mexico	Mexico	Mex-i-co	Mexican	Mex-i-can
Marruecos	Morocco	Mo-roc-co (la c de "roc" es sutil).	Moroccan	Mo-roc-can (la c de "roc" es sutil).
Países Bajos	Netherlands	Ne-der-lands (la d es la th vocalizada).	Dutch	Dutch
Nigeria	Niger	Ni-guer	Nigerian	Ni-ye-rian
Corea del Norte	North Korea	Nort Co-ria (la t es la th vocalizada).	North Corean	Nort Co-rian (la t es la th vocalizada).
Noruega	Norway	Nor-vuei (la u es sutil).	Norwegian	No-rue-gian (la u es sutil).
Panama	Panama	Pa-na-ma	Panamaian	Pa-na-meian (la i es sutil).
Perú	Peru	Pe-ru	Peruvian	Pe-ru-vian

Filipinas	Philippines	Fi-li-pins		
Polonia	Poland	Po-land	Polish	Po-lich (la ch está suavizada y ligeramente arrastrada).
Portugal	Portugal	Por-tu-gal	Portuguese	Por-tu-guis
Catar	Qatar	Ca-tar	Qatari	Ca-ta-ri
Guyana	Republic of Guyana	Ri-po-blic of gu-ya-na	Guyanes	Gu-ya-nes
Rusia	Russia	Ro-chia (la ch está suavizada y ligeramente arrastrada, y la i es sutil).	Russian	Ro-chian (la ch está suavizada y ligeramente arrastrada, y la i es sutil).
Escocia	Scotland	Scot-land	Scottish	Sco-tich (la ch está suavizada y ligeramente arrastrada).
Singapur	Singapore	Sin-ga-pur	Singaporean	Sin-ga-pu-rean (la e de "rean" se aproxima a la i).
Islas Solomón	Solomon Islands	So-lo-mon ais-lands	Solomon Islander	So-lo-mon ais-lan-der
España	Spain	Spein	Spanish	Spa-nich (la ch está suavizada y ligeramente arrastrada, y la a se aproxima a una e).
Suecia	Sweden	Sui-den	Swedish	Sui-dich (la ch está suavizada y ligeramente arrastrada).

Tailandia	Thailand	Tai-land (la t es la th vocalizada, y la d es sutil).	Thai	Tai (la t es la th vocalizada).
Turquía	Turkey	Tor-qui	Turkish	Tor-quich (la ch está suavizada y ligeramente arrastrada).
Vietnam	Vietnam	Viet-nam	Vietnamese	Viet-na-mis
Estados Unidos [EEUU]	United States of America [USA]	Iu-nai-ted steits of a-me-ri-ca [iu-s-ei] (la t de "ted" es sutil).	American	A-me-ri-can
Reino Unido	United Kingdom	Iu-nai-ted King-dom (la t es sutil).	British	Bri-tich (la ch está suavizada y ligeramente arrastrada).

Los Pronombres (The Pronouns)

Como en cualquier otro idioma, los pronombres son palabras utilizadas para reemplazar un sustantivo implícito en una oración. Existen varios tipos de pronombres en inglés; algunos de estos serán cubiertos más adelante en este libro, otros formarán parte de un texto más avanzado. En este apartado cubriremos los pronombres personales, los cuáles se usan como referencia a las personas gramaticales.

Pronombre	Pronunciación	Traducción	Modo
I	Ai	Yo	Primera persona, singular.
We	Vui	Nosotros	Primera persona, plural.
You	Yiu	Tú/Ustedes	Segunda persona, singular o plural

			dependiendo del contexto.
He	Ji	Él	Tercera persona, singular.
She	Chi (la ch está suavizada y ligeramente arrastrada).	Ella	Tercera persona, singular.
It	It	Eso	Tercera persona, singular.
They	Dei (la d es la th vocalizada).	Ellos	Tercera persona, plural.

Ejemplo de Una Conversación Telefónica

En este ejemplo veremos los pronombres, así como la conjugación de varios verbos (tema que quedará más claro en los próximos apartados).

Pablo: Hello Monica, it's me, Pablo. Where are you guys? (Hola Monica, soy yo, Pablo ¿Dónde están ustedes?).

Monica: Hey Pablo, I'm right here at the hospital with Frederick. (Hola Pablo, estoy aquí en el hospital con Frederick).

Pablo: That's great, where's your sister? (Grandioso ¿Dónde está tu hermana?).

Monica: She's at home with her boyfriend. What about your family? (Ella está en casa, con su novio ¿Qué hay de tu familia?).

Pablo: They're waiting for us at the bar. Are you guys coming? (Ellos están esperándonos en el bar ¿Van a venir?).

Monica: Yes, we're eager to go. Just tell me where it is and we'll be over when my shift ends. (Sí, estamos ansiosos de ir. Sólo dime dónde está e iremos en lo que termine mi turno).

Pablo: That's great! It's actually close to the hospital. I'll text you the address.

41

(¡Genial! De hecho está cerca del hospital, te enviaré la dirección por texto).

Monica: Excellent, I'll see you later. (Excelente, te veré luego).

Verbos (Verbs)

Así como ocurre en castellano, el inglés tiene verbos regulares y verbos irregulares. La conjugación de ambos tipos de verbos varía, y será tratada en el siguiente apartado del libro. La forma de presentación de los verbos también varía con el pronombre, sea singular, plural, primera, segunda, o tercera persona como aplique. Aquí aprenderás los verbos más básicos que debes manejar en el idioma inglés.

Verbos Ser y Estar (To Be)

Son los más usados en la construcción de una oración en inglés. Son verbos irregulares, así que su conjugación varía dependiendo del tiempo gramatical.

Verbo	Pronunciación	Traducción	Pronombres en que se utiliza
Am	Am	Soy/Estoy	I
Are	Ar	Sois/Estáis Somos/Estamos Son/Están	You, We, They
Is	Is	Es/Está	He, She, It

Como regla general, el am sólo se usa en primera persona singular, el is se utiliza en tercera persona singular, y el are es para todos los pronombres plurales, así como para segunda persona singular.

Sólo el inglés más formal, con excepciones puntuales, es escrito y hablado sin abreviar estos verbos. A excepción de estos casos, y cuando se construye una pregunta, la mayoría del tiempo verás estos verbos abreviados con un apóstrofe. Estos verbos se abrevian y pronuncian de la forma siguiente:

Abreviación   *Pronunciación*   *Traducción*

| I'm | Aim | Yo |
| soy/estoy | | |

We're   Vuiar
Nosotros somos/estamos

You're   Yiuar   Tú eres/estás
Ustedes son/están

He's   Jis   Él es/está
She's   Chis (la ch está suavizada Y ligeramente arrastrada).   Ella es/está
It's   Its   Eso es/está

They're   Deiar (la d es la th vocalizada)
Ellos son/están

Verbo Hacer (To Do)

Otro verbo irregular, el verbo hacer en presente simple se escribe como do o does dependiendo de los pronombres.

Verbo	Pronunciación	Traducción	Pronombres en que se utiliza
Do	Du	Hacer, hago, hacemos, haces, hacen	I, We, You, They.
Does	Dos	Hace	He, She, It

Oraciones de ejemplo

She does a great job at keeping everything in order.

Pronunciación: Chi dos ei greit yob at quii-ping e-vri-zing in or-der (la ch está suavizada y ligeramente arrastrada, la a de "at" se aproxima a la e, y la z es la th no vocalizada).

Traducción: Ella hace un excelente trabajo manteniendo todo en orden.
You always do a mess in the bathroom.

Pronunciación: Yiu ol-vueis du ei mes in de bat-rum (la o de "ol" se aproxima a la a, y la d de "the" y la t de "bat" son ths vocalizadas).
Traducción: Tú siempre haces un desastre en el baño.

Verbo Tener (To Have)

Verbo irregular, se escribe como have o has en presente simple.

Verbo	Pronunciación	Traducción	Pronombres en que se utiliza
Have	Jav	Tener, tengo, tenemos, tienes, tienen.	I, We, You, They.
Has	Jas	Tiene	He, She, They.

Oraciones de ejemplo

I have a great family.
Pronunciación: Ai jav ei greit fa-mi-li.
Traducción: Yo tengo una gran familia.

They have a pool.
Pronunciación: Dei jav a pul. (La d es el th vocalizado).
Traducción: Ellos tienen una piscina.

She has two beautiful dogs.
Pronunciación: Chi jas tu biu-ti-ful dogs (la ch está suavizada y ligeramente arrastrada. La t de "ti" es sutil y la u de "ful" se aproxima a la o).
Traducción: Ella tiene dos perros hermosos.

Conjugación de Verbos en Tercera Persona (The Conjugation of Verbs on Third Person)

Hay reglas universales en lo que respecta a la conjugación de verbos en la tercera persona del presente simple. Siguiendo estas sencillas reglas sabrás cómo adaptar cualquier verbo cuando este vaya a ser aplicado a he, she, o it.

Reglas Para la Conjugación

Se le debe agregar una s al final del verbo cada vez que este se conjugue en tercera persona del presente simple.

Ejemplo: You could jump over that bridge (Tú podrías saltar sobre ese puente).

Brandon jumps over the bridge (Brandon salta sobre el puente).

Si el verbo en cuestión termina en s, sh, ch, o, o en x, se debe agregar es en lugar de s.

Ejemplos: You may kiss the bride (Puedes besar a la novia)

She kisses her children every morning (ella besa a sus hijos todas las mañanas).

Otros verbos que son ejemplo de esto son crash (chocar), preach (predicar), do (hacer), y fix (arreglar); estos verbos se conjugan en tercera persona como crashes, preaches, does, y fixes respectivamente.

Por último, si el verbo termina en y, precedido por una consonante, la y es reemplazada por ies.

Ejemplo: You go study for your test (Tú ve a estudiar para tu examen).

He studies in the library (Él estudia en la biblioteca).

Esto sólo aplica si la y está precedida por una consonante. Si está precedida por una vocal, como es el caso de buy (comprar), aplica la primera regla y se conjuga con una s (buys, en este caso).

Excepciones a la regla

Las primeras dos excepciones son verbos que fueron cubiertos en el apartado anterior, el verbo tener (to have), y el verbo ser y estar (to be). Ambos verbos tienen conjugaciones particulares en tercera persona (en el caso del verbo to be, la conjugación cambia bajo varias condiciones).

El segundo y último grupo exento de estas reglas son los verbos modales. Los verbos modales son verbos auxiliares que no pueden ser usados como el verbo principal de una oración. Expresan modalidad, y se usan como complemento al verbo principal. Estos verbos son would, will, should, shall, must, might, may, could, y can. Tienen la característica de que siempre se conjugan de la misma forma. De manera que should se escribirá de la misma forma en primera, segunda, y tercera persona, ya sea en presente o pasado, por ejemplo.

Ejemplo: You can eat the last slice (te puedes comer la última rebanada).

She can lift 65 pounds (ella puede levantar 65 libras).

A nivel básico de inglés aprenderás de los verbos modales en los ejemplos. Un estudio a profundidad de estos verbos compete a un texto más avanzado del lenguaje.

La Conjugación de Verbos Regulares (The Conjugation of Regular Verbs)

Hay reglas en el inglés para conjugar los verbos en pasado. Los que siguen esta tendencia son los verbos regulares, que viene a ser el grupo más grande de verbos en inglés. Los verbos regulares se conjugan en pasado agregando ed al final del verbo. Veamos algunos ejemplos de esto:

You can cook really good!
Pronunciación: Yiu can cuuc ri-li guud
Traducción: ¡Puedes cocinar muy bien!

I cooked dinner today.
Pronunciación: Ai cuuct di-ner tu-dei (la t de "cuuct" es la th vocalizada).
Traducción: Yo cociné la cena hoy.

Si los verbos terminan en e, todo lo que hay que hacer es agregar una d al final, por ejemplo:

I like to watch movies.
Pronunciación: Ai laik tu vuatch mu-vis (la t de vuatch es la th vocalizada).
Traducción: Me gusta ver películas.

They liked your last ting.

Pronunciación: Dei laikt yiur last pein-ting (la d de "dei" es la th vocalizada. La a de "last" se aproxima a la e. La t y la g de "ting" son sutiles).

Traducción: A ellos les gustó tu última pintura.

Y, por último, si el verbo termina en y, precedido por una vocal, la y es reemplazada por ied para conjugar el verbo en pasado:

You carry too much weight in yiur backpack.

Pronunciación: Yiu ca-rri tu moch vueigt in yiur bac-pac (la a de "carri" se aproxima a la e, y la rr es sutil).

Traducción: Tú llevas demasiado peso en tu mochila.

I carried the table all the way to the backyard.

Pronunciación: Ai que-rried de tei-bol ol de vuei tu de bac-yiard (la rr de "querried" es sutil, y las d de las tres "de" son la th vocalizada).

Traducción: Yo cargué la mesa todo el camino hasta el patio trasero.

Estas son las tres reglas que se aplican para la conjugación en tiempo pasado de los verbos regulares.

La Conjugación de Verbos Irregulares (The Conjugations of Irregular Verbs)

Estos son los verbos que no siguen las reglas de conjugación en pasado. Se pueden dividir en cuatro grupos:

1. Verbos cuya forma básica en presente, pasado simple, y participio pasado son iguales.
2. Verbos que comparten la forma de pasado simple y participio pasado.
3. Verbos que comparten la forma básica en presente y participio pasado.
4. Verbos que son diferentes en sus tres formas.
5.

No hay verbos que compartan la forma básica en presente y pasado simple, teniendo un participio pasado distinto.

Grupo 1

Forma Básica	Pronunciación	Traducción	Pasado Simple	Participio Pasado
Put	Put (la u se aproxima a una o).	Poner	Put	Put
Let	Let	Permitir	Let	Let
Hurt	Jurt (la u se aproxima a una o).	Lastimar	Hurt	Hurt
Cut	Cut (la u se aproxima a una o).	Cortar	Cut	Cut
Cost	Cost	Costar	Cost	Cost

Crupo 2

Forma Básica	Pronunciación	Traducción	Pasado Simple	Participio Pasado	Pronunciación
Bring	Bring	Traer	Brought	Brought	Brougt (la u es sutil, y la t es la th vocalizada).
Buy	Bai	Comprar	Bought	Bought	Bogt (la t es la th vocalizada).
Catch	Catch (la t es sutil).	Atrapar	Caught	Caught	Caugt (la t es la th vocalizada).
Feel	Fil	Sentir	Felt	Felt	Felt
Find	Faind (la d es la th vocalizada).	Encontrar	Found	Found	Faund (la d es la th vocalizada).
Get	Guet	Conseguir	Got	Got	Got (la t es la

					th vocalizada).
Hear	Jir	Escuchar	Heard	Heard	Jerd
Have	Jav	Tener	Had	Had	Jad
Keep	Quiip	Mantener	Kept	Kept	Quept (la t es la th vocalizada).
Leave	Liiv	Irse	Left	Left	Left (la t es la th vocalizada).
Lose	Lus	Perder	Lost	Lost	Lost (la t es la th vocalizada).
Make	Meik	Hacer (en sentido de manufacturar).	Made	Made	Meid
Read	Rid	Leer	Read	Read	Red
Say	Sei	Decir	Said	Said	Seid
Sell	Sel	Vender	Sold	Sold	Sold (la d es la th vocalizada).
Send	Send	Enviar	Sent	Sent	Sent (la t es la th vocalizada).
Teach	Tich	Enseñar	Taught	Taught	Tougt (la t es la th vocalizada).
Think	Znik (la z es la th no vocalizada).	Pensar	Thought	Thought	Zougt (la z es la th no vocalizada, y la t es la th vocalizada
Win	Vuin	Ganar	Won	Won	Vuon

Grupo 3

Forma Básic	Traducció n	Participi o Pasado	Pronunciació n	Pasad o Simple	Pronunciació n

49

a					
Come	Venir	Come	Com	Came	Queim
Become	Volver/Convertir	Become	Bi-com	Became	Bi-queim
Run	Correr	Run	Ron (la o se aproxima a una u).	Ran	Ren (la e se aproxima a una a).

Grupo 4

Forma Básica	Pronunciación	Pasado Simple	Pronunciación	Participio Pasado	Pronunciación
Be	Bi	Was/Were	Vuas – Vuer	Been	Biin
Begin	Bi-gin (la primera i se aproxima a una e).	Began	Bi-gan	Begun	Bi-gon
Break	Breic	Broke	Brouc (la u es sutil).	Broken	Bro-quen
Choose	Chuus	Chose	Chous (la u es sutil).	Chosen	Chou-sen (la u es sutil).
Do	Du	Did	Did	Done	Don
Drink	Drinc	Drank	Dranc (la a se aproxima a una e).	Drunk	Dronc (la o se aproxima a una u).
Drive	Draiv	Drove	Drouv	Driven	Dri-ven
Eat	It	Ate	Eit (la t es la th vocalizada).	Eaten	I-ten
Fall	Fol (la o se aproxima a una a).	Fell	Fel	Fallen	Fo-len (la o se aproxima a una a).

Give	Guiv	Gave	Gueiv	Given	Gui-ven
Go	Go	Went	Vuent (la t es la th vocalizada).	Gone	Gon
Know	Knou (la k es muy sutil).	Knew	Kniu (la k es muy sutil).	Known	Knoun (la k es muy sutil).
See	Si	Saw	Sou (la u es sutil).	Seen	Siin
Speak	Spic	Spoke	Spouc	Spoken	Spo-quen
Swim	Suim	Swam	Suom	Swum	Suum
Take	Teic	Took	Tuuc	Taken	Tei-quen
Wake	Vueic	Woke	Vuoc	Woken	Vuo-quen
Write	Vruait	Wrote	Vruout (la segunda u es sutil).	Written	Vrui-ten

Traducciones de los verbos del grupo 4:

Be (ser, estar), begin (empezar), break (romper), choose (elegir), do (hacer), drink (beber), drive (conducir), eat (comer), fall (caer), give (dar), go (ir), know (saber), see (ver), speak (hablar), swim (nadar), take (tomar), wake (despertar), write (escribir).

Palabras del Vocabulario

Palabra	Pronunciación	Traducción
Yesterday	Yes-ter-dei	Ayer
Today	Tu-dei	Hoy
Tomorrow	Tu-mo-rro	Mañana
Girl	Gerl (la e se aproxima una i).	Niña
Boy	Boi	Niño (en sentido masculino).
Each	Ich	Cada (en sentido de cada uno como "each one").
Things	Zings (la z es la th no	Cosas

	vocalizada).	
Health	Jelz (la z es la th no vocalizada).	Salud
God	Gad (la a se aproxima a una o).	Dios
Schedule	Sque-diul (la i es sutil).	Horario
Food	Fuud	Comida
Son	Son	Hijo
Chicken	Chi-quen	Gallina/pollo
Young	Yong	Joven
Wife	Vuaif	Esposa
Husband	Jos-band (la o se aproxima a una u).	Esposo
Night	Nait (la t es la th vocalizada).	Noche
Day	Dei	Día
With	Vuiz (la z es la th no vocalizada).	Con
Tea	Tii	Te (la bebida).
Coffee	Cof-fi	Café
Famous	Fei-mos	Famoso
Sister	Sis-ter	Hermana
Brother	Bro-der (la d es la th vocalizada).	Hermano
Mother	Mo-der (la d es la th vocalizada).	Madre
Father	Fa-der (la a se aproxima a una o, y la d es la th vocalizada).	Padre
Never	Ne-ver	Nunca
House	Jaus	Casa
Pray	Prei	Rezar
Big	Big	Grande
A lot	A-lot	Mucho

Party	Pa-ri	Fiesta
Bank	Banc	Banco
Naughty	Naug-ti (la g es sutil).	Travieso
Tree	Tri	Árbol
Novel	No-vel	Novedoso/ Novela
Healthy	Jel-zi (la z es la th no vocalizada).	Saludable
Unhealthy	On-jel-zi (la z es la th no vocalizada).	No saludable
Teacher	Ti-cher	Profesor
Teach	Tich	Enseñar
Sing	Sing (la g es sutil).	Cantar
Alone	A-lon	Solo (de soledad).
Under	On-der (la o se aproxima a una u).	Debajo
Birthday	Birz-dei (la z es la th no vocalizada).	Cumpleaños
Company	Com-pa-ni (la a se aproxima a una e).	Compañía
Truly	Tru-li	Realmente
Bill	Bil	Factura/cuenta
Ball	Bal (la a se aproxima a una o).	Bola
Childhood	Chaild-juud	Niñez
Cheese	Chiis	Queso
Perfume	Per-fium	Perfume
Fashion	Fa-chion (la ch está suavizada y ligeramente arrastrada).	Moda
Wine	Vuain	Vino
Small	Smol	Pequeño
Best	Best (la t es la th vocalizada).	Mejor
City	Ci-ti (la t es sutil).	Ciudad

Chairs	Cheirs	Sillas
Wall	Vuol (la o se aproxima a una a).	Muro/pared

Historia I (En Inglés) Meet William (Conozcan a William)

My name is William. I live in Oakland. I am pretty smart. I am a student. I study at the town's college. My birthday is on February 25th. I speak two languages: English and Spanish. I am very popular in college. I visit the church every Sunday. I pray to God for good grades and good health. I love going to parties. I enjoy dancing at parties. I always meet my friends at parties. I stay at home during weekends. My house is big. I love watching movies with my family. After college, I always try to watch a movie with them. Sometimes, I watch them at home; other times, I go to a movie theater. I am pleased with my life.

I have a dog. His name is Bruno. He loves to run. We run around the park every morning. He loves eating steak. His hair is golden. I have plenty of friends. My friends are a lot of fun. I play tennis with my friends. We play in the park during some evenings. I never go alone to the park; I always have Bruno or my friends with me. I love to sing. I like French songs. I love the winter. During winter, I do not play tennis; so, I stay at home and play in my computer instead.

My father works at the hospital. He is very kind. He speaks six languages: English, French, German, Spanish, Japanese, and Mandarin. He starts his day with a cup of coffee. He travels often. He enjoys reading novels. He does not like to watch sports on T.V. He listens to a radio broadcast each morning. My mother is Spanish. She works at school as a teacher. She teaches the Spanish language. She loves her students. She gives plenty of homework to her students. She cooks for the whole family. She always prepares healthy and delicious food. She does not agree with unhealthy food. I love her. I love my parents! Do you love your parents?

Historia I (En Castellano) Conozcan a William

Mi nombre es William. Yo vivo en Oakland. Yo soy muy inteligente. Yo soy un estudiante. Yo estudio en la universidad local. Mi cumpleaños es el 25 de febrero. Yo hablo dos idiomas: inglés y castellano. Soy muy popular en la universidad. Voy a la iglesia todos los domingos. Le rezo a Dios por buenas notas y buena salud. Yo amo ir a fiestas. Disfruto mucho bailar en las fiestas. Siempre veo a mis amigos en las fiestas. Yo me quedo en casa durante los fines de semana. Mi casa es grande. Yo amo ver películas con mi familia. Después de la universidad, siempre trato de ver una película con ellos. A veces, las veo en casa; en otras ocasiones, voy al cine. Estoy complacido con mi vida.

Yo tengo un perro. Su nombre es Bruno. A Bruno le encanta correr. Corremos alrededor del parque todas las mañanas. Le encanta comer filetes. Su cabello es dorado. Tengo muchos amigos. Mis amigos son muy divertidos. Yo juego tenis con mis amigos. Jugamos en el parque algunas noches. Nunca me voy solo al parque; siempre tengo a Bruno o a mis amigos conmigo. Me encanta cantar. Me gustan las canciones españolas. Amo el invierno. No juego tenis durante el invierno; en cambio, me quedo en casa y juego en mi computadora.

Mi padre trabaja en el hospital. Él es muy amable. Él habla seis idiomas: inglés, francés, alemán, español, japonés, y mandarín. Él empieza su día con una taza de café. Él viaja frecuentemente. Él disfruta leer novelas. No le gusta ver juegos deportivos en la televisión. Él escucha un programa de radio todas las mañanas. Mi madre es española. Ella trabaja en el colegio como profesora. Ella enseña el idioma castellano. Ella ama a sus estudiantes. Ella les da bastante tarea a sus estudiantes. Ella cocina para toda la familia. Ella siempre prepara comida saludable y deliciosa. Ella no está de acuerdo con la comida que no es saludable. Yo la amo ¡Yo amo a mis padres! ¿Tú amas a tus padres?

Historia II (En Inglés) Meet My Friends (Conozcan a mis Amigos)

My brother, my sister, and my friend! My brother's name is Aaron. He is a student. He studies at college. He also works at a local restaurant. He visits France every year to party. He hates television. He does not watch T.V. at all. He lives with his friends in Texas. They have a cat. The name of the cat is Percy. He eats a lot. My brother gives many gifts to his friends, but he almost never gives gifts to our parents or to me. He is not married yet. He always tries to help me with my homework. He is young and handsome. He plays football. He loves a woman at Texas.

My sister's name is Michelle. She is beautiful and smart. She lives in France with her husband. She is also a teacher; although, she teaches the English language. She loves cooking. She prepares great food for me when she comes over to visit. She sends me a lot of gifts; however, she never helps me with my homework. She speaks three languages: English, Spanish, and French. She has two daughters and one son. Her children are full of energy, and they love to talk very much. They are naughty.

My friend's name is William. He goes to college with me. He helps me complete my homework. He brings me great food. He helps me with my studies. He is very smart. He plays tennis, as well as other sports. He is very popular at college. He likes sunny days and climbing mountains. He is very kind. He discusses everything with his parents. He shares all of his thoughts with me. William is my favorite friend. Who's your favorite among your friends?

Historia II (En Castellano) Conozcan a mis Amigos

¡Mi hermano, mi hermana, y mi amigo! El nombre de mi hermano es Aaron. Él es un estudiante. Él estudia en la universidad. Él también trabaja en un restaurante local. Él visita Francia todos los años para ir de fiesta. Él odia la televisión; no ve nada de televisión en lo absoluto. Él vive con sus amigos en Texas. Ellos tienen un gato. El nombre de su gato es Percy. Él come mucho. Mi hermano le da muchos regalos a sus amigos, pero casi nunca le da regalos a nuestros padres o a mi. Él aún no está casado. Él siempre trata de ayudarme con mi tarea. Él es joven y apuesto. Él juega fútbol. Él ama a una mujer en Texas.

El nombre de mi hermana es Michelle. Ella es hermosa e inteligente. Ella vive en Francia con su esposo. Ella también es una profesora; sin embargo, ella enseña el idioma francés. Ella ama cocinar. Ella me prepara cocina grandiosa cada vez que viene a visitar. Ella me envía muchos regalos; sin embargo, nunca me ayuda con mi tarea. Ella habla tres idiomas: inglés, español, y francés. Ella tiene dos hijas y un hijo. Sus niños están llenos de energía, y les encanta hablar mucho. Ellos son traviesos.

El nombre de mi amigo es William. Él va a la universidad conmigo. Él me ayuda a completar mi tarea. Él me trae muy buena comida. Él me ayuda con mis estudios. Él es muy inteligente. Él juega tenis, así como otros deportes. Él es muy popular en la universidad. Le gustan los días soleados y escalar montañas. Él es muy amable. Él conversa todo con sus padres. Él me comparte todos sus pensamientos. William es mi amigo favorito ¿Quién es tu favorito entre tus amigos?

Capítulo Dos:

Nice to Meet You (Encantado de Conocerte)

Conjugación del Verbo Irregular "To Come"

To come: Venir (presente)

I come	Yo vengo
You come	Tú vienes
He/ She/ It comes	Él/ Ella/ Eso viene
We come	Nosotros venimos
You come	Ustedes vienen

Came: Vine (pasado)

I came	Yo vine
You came	Tú viniste
He/ She/ It came	Él/ Ella/ Eso vino
We came	Nosotros vinimos
You came	Ustedes vinieron

Ejemplos del verbo:

I come from Illinois.

Pronunciación: Ai com from il-i-nois (la I de "nois" es sutil).

Traducción: Yo vengo de Illinois.

She came by your house yesterday.

Chi queim bai yiur jaus yes-ter-dei (la ch está suavizada y arrastrada).

Traducción: Ella pasó ayer por tu casa.

I'm happy that you came to the party.

58

Pronunciación: Aim ja-pi dat yiu queim tu de pa-ri (las d de "dat" y "de" son la th vocalizada).
Estoy feliz de que hayan venido a la fiesta.

He comes from a very large family.
Pronunciación: Ji coms from ei ve-ri larch fa-mi-li (la ch está suavizada y arrastrada).
Traducción: Él viene de una familia muy grande.

Hacer Oraciones Negativas
Hay una regla general que aplica para formular oraciones negativas en inglés. La fórmula que se sigue es la siguiente:

Sujeto + Verbo auxiliar + Auxiliar negativo (not) + Verbo + Complemento

Los verbos auxiliares utilizados para esto son el verbo to do (hacer), seguido del verbo to be (ser/estar) y el verbo to have (tener).

Oraciones Negativas con el Verbo To Do (Hacer)
Son las oraciones más utilizadas en el presente simple para expresar negación. Anteponer el do not antes del verbo se traduce como un "no hago" o un simple "no" en negación. La fórmula queda diseñada entonces de esta forma:

Sujeto + Verbo to do (do/does) + Auxiliar negativo (not) + Verbo principal + Complemento

Ejemplos:

I do not like to watch horror movies.
Pronunciación: Ai du not laik tu vuatch jo-rror mu-vis (la t de "vuatch" es la th vocalizada").
Traducción: A mi no me gusta ver películas de horror.

I do not eat breakfast so late in the morning.
Pronunciación: Ai du not it breic-fast so leit in de mour-nin (la i de "breic" y la u de "mour" son sutiles. La d de "de" es la th vocalizada.).

Traducción: Yo no como desayuno tan tarde en la mañana.

My mother does not drink alcohol.
Pronunciación: Mai mo-der dos not drinc al-co-jol (la d de "der" es la th vocalizada).
Traducción: Mi madre no bebe alcohol.

Oraciones Negativas con el Verbo to Be (Ser/Estar)

En estos casos, el verbo auxiliar viene a ser el verbo to be. Se traduce a duros rasgos como "no soy" o "no estoy", dependiendo del contexto de la oración. La fórmula de la oración queda en estos casos diseñada así:

Sujeto + Verbo to be (am/are/is) + Auxiliar negativo (not) + Verbo + Complemento

Ejemplos:

I am not at home right now.
Pronunciación: Ai am not at jom raigt nau (la g es sutil, y la t de "raigt" es la th vocalizada).
Traducción: Yo no estoy en casa ahora mismo.

Eating candy is not good for your teeth.
Pronunciación: I-tin can-di is not gud for yiur tiit (la a de "can" se aproxima a la e, y la segunda t de "tiit" es la th vocalizada).
Traducción: Comer dulces no es bueno para tus dientes.

Wine is not in our shopping list.
Pronunciación: Vuain is not in aur cho-pin list (la ch está suavizada y ligeramente arrastrada).
Traducción: El vino no está en nuestra lista de compras.

Oraciones Negativas con el Verbo to Have (Tener)

El verbo to have, que en otros contextos significa "tener" de posesión, y "tener" en sentido de deber, toma otro significado en las negaciones. La negación con have se usa en el presente perfecto y presente perfecto progresivo,

60

y una traducción más acertada viene a ser "no he". Estas oraciones siguen la siguiente fórmula:

Sujeto + Verbo to have (have/has) + Auxiliar negativo (not) + Verbo + Complemento

Ejemplos:

I have not visited my grandmother this week.
Pronunciación: Ai jav not vi-si-ted mai grand-mo-der dis vuic (la d de "der" y la d de "dis" son el th vocalizado. La d de "grand" es sutil).
Traducción: Yo no he visitado a mi abuela esta semana.

He has not purchased the laptop you adviced him to.
Pronunciación: Ji jas not pur-chest de lap-top yiu ad-vaist jim tu (la t de "chest", la d de "de" y la t de "vaist" son el th vocalizado).
Traducción: Él no ha comprado la computadora portátil que le recomendaste.

You have not been finishing your meals.
Pronunciación: Yiu jav not bin fi-ni-ching yiur miils (la ch está suavizada y ligeramente arrastrada).
Traducción: Tú no te has estado terminando tus comidas.

Abreviaciones en Negativo

El inglés formal, y especialmente el inglés informal, tienden a ser abreviados usando el apóstrofe. En el caso de las oraciones en negativo, se tiende a abreviar el not colocando n't (en representación del not) al final del verbo auxiliar. Esto aplica con las oraciones negativas con el verbo to do y el verbo to have. El verbo to be se abrevia siempre de la misma forma; en este caso, se escribe el not posterior al verbo auxiliar abreviado.

Ejemplos:

I'm not eager to go to the dentist.
Pronunciación: Aim not i-guer tu go tu de den-tist (la d de "de" es la th vocalizada, y la primera t de "tist" es sutil).
Traducción: Yo no estoy emocionado por ir al dentista.

You don't need to pay for this meal.

Pronunciación: Yiu dont nid tu pei for dis miil (la d de "dis" es la th vocalizada).

Traducción: Tú no necesitas pagar por esta comida.

He hasn't told his parents about his new car.

Pronunciación: Ji jasnt told jis pa-rents a-baut jis niu car (la t de "rents" es sutil).

Traducción: Él no le ha dicho a sus padres sobre su nuevo automóvil.

Kids don't believe in fairies after that age.

Pronunciación: Quids dont bi-liv in fei-ris af-ter dat eich (la d de "dat" es la th vocalizada).

Traducción: Los niños no creen en las hadas después de esa edad.

She doesn't like moist food.

Pronunciación: Chi dosnt laik moist fuud (la ch está suavizada y ligeramente arrastrada).

Traducción: A ella no le gusta la comida húmeda.

We haven't gone out to the club for ages.

Pronunciación: Vui javnt gon aut tu de club for eiyes (la d de "de" es la th vocalizada).

Traducción: No hemos ido al club desde hace mucho tiempo (la traducción literal de "ages" es "épocas", en este contexto se entiende como una hipérbole que representa mucho tiempo).

You haven't been going to church on Sundays.

Pronunciación: Yiu javnt bin goin tu church on son-deis (la u de "church" se aproxima a la o, y la o de "son" se aproxima a la u).

Traducción: Ustedes no han estado yendo a la inglesia los domingos.

Responder a una Pregunta Diciendo Sí o No (Yes/No)

Are you married?	(¿Estás casado/a?)
Yes, I'm married	(Sí, estoy casado/a)
No, I'm not married	(No, no estoy casado/a)

Are you American?	(¿Eres estadounidense/a?)
Yes, I'm American.	(Sí, soy estadounidense/a)
No, I'm not American.	(No, no soy estadounidense/a)
Do you live in Washington?	(¿Vives en Washington?)
Yes, I live in Washington	(Yes, I live in Washington)
No, I don't live in Washington	(No, I don't live in Washington)
Do you speak Spanish?	(¿Hablas castellano?)
Yes, I speak Spanish	(Sí, hablo castellano)
No, I don't speak Spanish	(No, no hablo castellano)
Are you inviting your parents?	(¿Estás invitando a tus padres?)
Yes, I'm inving my parents	(Sí, estoy invitando a mis padres)
No, I'm not inviting my parents	(No, no estoy invitando a mis padres)

Do they work at American Airlines?   (¿Trabajan en American Airlines?)
Yes, they work at American Airlines
                                        (Sí, trabajan en American Airlines)
No, they don't work at American Airlines
                                        (No, no trabajan en American Airlines)

Cuando la pregunta es formulada en negativo, se puede obviar esto y responder exactamente lo que se pregunta. Sin embargo, técnicamente se puede responder evitando el doble negativo, separando la respuesta a la pregunta de la afirmación relacionada a esta, de la siguiente forma:

Are you not single?	(¿No eres soltero/a?)
Yes, I'm not single	(Sí, no soy soltero/a)
No, I'm single	(No, sí soy soltero/a)
You don't live in New York?	(¿No vives en Nueva York)
Yes, I don't live in New York	(Sí, no vivo en Nueva York)
No, I do live in New York	(No, yo sí vivo en Nueva York)
You don't speak Spanish?	(¿No hablas castellano?)

Yes, I don't speak Spanish   (Sí, no hablo castellano)

No, I do speak Spanish   (No, yo sí hablo castellano)

You don't like ice cream?   (¿No te gusta el helado?)

    Yes, I don't like ice cream   (Sí, a mi no me gusta el helado)

    No, I do like ice cream   (No, a mi sí me gusta el helado)

Conjugación del Verbo Irregular "To Have"

To Have: Tener

Conjugación	Pronunciación	Traducción
I have	Ai jav	Yo tengo
You have	Yiu jav	Tú tienes/ Ustedes tienen
She has	Chi jas (la ch está suavizada y ligeramente arrastrada).	Ella tiene
He has	Ji jas	Él tiene
It has	It jas	Eso tiene
We jave	Vui jav	Nosotros tenemos
They have	Dei jav (la d es la th vocalizada).	Ellos tienen

To Have Como Verbo Principal

Cuando el verbo to have aparece como verbo principal, este puede tener dos interpretaciones y usos distintos. La primera es de tener en sentido de posesión, la segunda es tener en sentido de deber.

Ejemplos:

I have to tell my parents about my grades at school

Pronunciación: Ai jav tu tel mai pa-rents a-baut mai greids at scul (la t de "rents" es sutil).

Traducción: Yo tengo que decirle a mis padres sobre mis notas en el colegio.

64

You have to practice more if you wish to improve.

Pronunciación: Yiu jav tu prac-tis mor if yiu vuich tu im-pruv (la ch está suavizada y ligeramente arrastrada).

Traducción: Tú tienes que practicar más si deseas mejorar.

We have a new teacher at school.

Pronunciación: Vui jav a niu ti-cher at scul.

Traducción: Tenemos a un(a) nuevo/a profesor(a) en la escuela.

She has an expensive camera.

Pronunciación: Chi jas an ex-pen-siv ca-me-ra (la ch está suavizada y ligeramente arrastrada).

Traducción: Ella tiene una cámara costosa.

To Have Como Verbo Auxiliar

Cuando el verbo to have se utiliza como auxiliar de otro verbo, la traducción más acertada para have sería "he". Este tipo de construcción de oraciones se utiliza para el presente perfecto y el presente perfecto progresivo. El primero se construye con la siguiente fórmula:

Sujeto + Verbo to have (have/has) + Verbo + Complemento

En cambio, el presente perfecto progresivo (o presente perfecto continuo) se construye con esta fórmula:

Sujeto + Verbo to have (have/has) + Pasado participio Been + Verbo (en gerundio) + Complemento

La dupla "have been" puede ser traducida e interpretada como "he estado".

Ejemplos:

I have punished my dog for urinating over the carpet.

Pronunciación: Ai jav po-nicht mai dog for iu-ri-nei-ting ou-ver de car-pet (la ch está suavizada y ligeramente arrastrada. La t de "nicht" y la d de "de" son la th vocalizada. La i de "nei", la t de "ting", y la u de "ou" son sutiles).

Traducción: He castigado a mi perro por orinar sobre la alfombra.

He has been working out every morning.

Pronunciación: Ji jas bin vuor-quin aut e-vri mour-nin (la u de "mour" es sutil).

Traducción: Él ha estado haciendo ejercicio todas las mañanas.

We have been going to every game together for a year.

Pronunciación: Vui jav bin goin tu e-vri gueim tu-gue-der for a yier (la d de "der" es la th vocalizada).

Traducción: Hemos estado yendo a cada juego juntos por un año.

Profesiones (Professions)

Profesión	Pronunciación	Traducción
Driver	Drai-ver	Conductor(a)
Lawyer	Lau-ier	Abogado/a
Journalist	Your-na-list (la u de "your" es sutil).	Periodista
Artist	Ar-tist	Artista
Painter	Pein-ter (la t es sutil).	Pintor(a)
Pilot	Pai-lot	Piloto(a)
Dentist	Den-tist (la primera t de "tist" es sutil).	Dentista
Secretary	Se-cre-ta-ri	Secretario/a
Musician	Mu-si-cian (la u se aproxima a la o).	Músico
Mechanic	Me-ca-nic	Mecánico/a
Waiter	Vuei-ter (la t es sutil).	Mesero/a
Editor	E-di-tor	Editor(a)
Director	Di-rec-tor	Director(a)
Singer	Sin-ger (la g es sutil).	Cantante
Dancer	Dan-ser	Bailarín(a)
Mailman	Meil-man	Cartero/a

Salesman	Seils-man	Vendedor/a
Doctor	Doc-tor	Doctor(a)
Professor	Pro-fes-sor	Profesor(a)
Nurse	Nurs	Enfermero/a
Baker	Bei-quer	Panadero/a
Chef	Chef	Chef
Engineer	En-yi-niir	Ingeniero/a
Police officer	Po-lis of-fi-ser	Oficial de policía
Businessman	Buis-nes-man (la u es sutil).	Empresario/a
Programmer	Pro-gram-mer	Programador/a

Cómo Presentar a Alguien/Algo

What is it? (Used for objects)
¿Qué es eso? (Usado para objetos)

Las Respuestas (The Answers)

Respuesta	Pronunciación	Traducción
This is a pen	Dis is ei pen (la d es la th vocalizada).	Esto es una pluma.
This is a pencil	Dis is ei pen-cil (la d es la th vocalizada).	Esto es un lápiz.
This is an eraser	Dis is an i-rrei-ser (la d es la th vocalizada).	Esto es un borrador.
This is a ruler	Dis is ei ru-ler (la d es la th vocalizada).	Esta es una regla.
This is a book	Dis is ei buc (la d es la th vocalizada, y la u se paroxima a la o).	Esto es un libro.
This is a notebook	Dis is ei nout-buc (la d es la th vocalizada, y la u de "nout" es sutil).	Esto es un cuaderno.
This is a sharpener	Dis is ei char-pe-ner (la d	Esto es un sacapuntas.

	es la th vocalizada, y la ch está suavizada y ligeramente arrastrada).	
This is a phone	Dis is ei fon (la d es la th vocalizada).	Esto es un teléfono.
This is a computer	Dis is ei com-piu-ter (la d es la th vocalizada, y la t es sutil).	Esta es una computadora.
This is a fan	Dis is ei fan (la d es la th vocalizada, y la a se aproxima a una e).	Esto es un ventilador.
This is a television	Dis is ei te-le-vi-sion (la d es la th vocalizada).	Esta es una televisión.
This is an air conditioner	Dis is an eir con-di-chio-ner (la d es la th vocalizada. La ch está suavizada, ligeramente arrastrada, y es sutil).	Esto es un aire acondicionado.
This is a trash can	Dis is ei trach can (la d es la th vocalizada, y la ch está suavizada y ligeramente arrastrada).	Esta es una papelera.
This is a bag	Dis is ei bag (la d es la th vocalizada).	Esta es una bolsa/ Esto es un bolso.

Who is it? (Used for people)
¿Quién es? (Usado para personas)

Las Respuestas (The Answers)

Oración	Pronunciación	Traducción	Formal/Informal
His name is John	Jis neim is yon.	El nombre de él es John.	Formal/Informal
Her name is	Jer neim is yes-si-	El nombre de lla	Formal/Informal

Jessica	ca.	es Jessica.	
Let me introduce John	Let mi in-tro-dius yon.	Permíteme presentarte a John.	Formal
This is John	Dis is yon (la d es la th vocalizada).	Este es John.	Informal
I present to you John	Ai pri-sent tu yiu yon.	Te presento a John.	Formal/Informal
He is John	Ji is yon.	Él es John.	Formal/Informal
She is Jessica	Chi is yes-si-ca (la ch está suavizada y ligeramente arrastrada.	Ella es Jessica.	

Para Describir las Profesiones:

Sentence	Pronunciation	Meaning
He is a director	Ji is ei di-rec-tor	Él es un director
She is a director	Chi is ei di-rec-tor (la ch está suavizada y ligeramente arrastrada).	Ella es una directora.
He works as a director	Ji vuorcs as ei di-rec-tor	Él trabaja como director.
He performs as a director	Ji per-forms as ei di-rec-tor	Él se desempeña como director.

Adjetivos Posesivos (Possesive Adjectives)

¿Qué son los Adjetivos Posesivos?

Los adjetivos posesivos son las palabras utilizadas para denotar posesión en el idioma inglés. Los adjetivos posesivos en inglés, similar a como ocurre en el castellano, se adaptan a los pronombres de la oración.

Adjetivo posesivo	Pronunciación	Traducción	Pronombre en que se utiliza

My	Mai	Mi	I
Your	Yiur	Tu/Su (de ellos).	You
Her	Jer	Su (de ella).	She
His	Jis	Su (de él).	He
Its	Its	Su (de eso).	It
Our	Aur	Nuestro.	We
Their	Deiar (la d es la th vocalizada, y la a es sutil).	Su (de ellos).	They

Los adjetivos posesivos en inglés no cambian con el género del objeto de la oración. A diferencia del castellano, los adjetivos posesivos en inglés tampoco cambian con la cantidad del objeto poseído; se usan de la misma forma en singular y en plural.

Ejemplos:

My kids always eat their vegetables.
Pronunciación: Mai quids ol-vueis it deiar ve-ye-ta-bols (la d de "deiar" es la th vocalizada, y la a de "deiar" es sutil).
Traducción: Mis hijos siempre se comen sus vegetales (una traducción más literal de "kids" es "niños", pero en este caso se utiliza para expresar "hijos").

Your room must be clean when I get back.
Pronunciación: Yiur rum most bi clin vuen ai guet bac.
Traducción: Tu habitación debe estar limpia para cuando yo vuelva.

I love her new hairstyle.
Pronunciación: Ai lov jer niu jer-stail.
Traducción: Me encanta su nuevo corte de cabello.

He keeps his tools organized.
Pronunciación: Ji quips jis tuls or-ga-naisd (la d es sutil, y es la th vocalizada).
Traducción: Él mantiene sus herramientas organizadas.

The dog is moving its tail to the sound of the music.

Pronunciación: De dog is mu-ving its teil tu de saund of de miu-sic.

Traducción: El perro está moviendo su cola con el sonido de la música.

This is our chance to win the game.

Pronunciación: Dis is aur chans tu vuin de gueim (la d de "dis" y la d de "de" son la th vocalizada).

Traducción: Esta es nuestra oportunidad para ganar el juego.

Their job looks hard.

Pronunciación: Deiar yob luucs jard (la d es la th vocalizada, y la a de "deiar" es sutil).

Traducción: Su trabajo se ve difícil.

Pronombres Posesivos (Possesive Pronouns)

Los pronombres posesivos son una forma de expresar sujeto/objeto + posesión en la misma palabra. Vienen a ser el equivalente anglosajón de los pronombres posesivos castellanos (tuyo, mío, etc). Se escriben de forma muy similar a los adjetivos posesivos, pero se utilizan de forma ligeramente distinta.

Pronombre posesivo	Pronunciación	Traducción	Pronombre en que se utiliza
Mine	Main	Mío	I
Yours	Yiurs	Tuyo/Suyo (de ellos).	You
Hers	Jers	Suyo (de ella).	She
His	Jis	Suyo (de él).	He
Its	Its	Suyo (de eso).	It
Ours	Aurs	Nuestro.	We
Theirs	Deiars (la d es la th vocalizada, y la a es sutil).	Suyo (de ellos).	They

De la misma forma en que ocurre con los adjetivos posesivos, los pronombres posesivos no cambian con el género del objeto/sujeto poseído/filiado; tampoco varían si se trata de singular o plural.

Ejemplos:

Your house is much bigger than mine.
Pronunciación: Yiur jaus is moch bi-guer dan main (la d de "dan" es la th vocalizada).
Traducción: Tu casa es mucho más grande que la mía.

Those dirty dishes are yours.
Pronunciación: Dous der-ti di-ches ar yiurs (la d de "dous" es la th vocalizada. La e de "der" se aproxima a la i. La ch está suavizada y ligeramente arrastrada).
Traducción: Esos platos sucios son tuyos.

Your food is healthier than hers.
Pronunciación: Yiur fuud is jel-zier dan jers (la z de "zier" es la th no vocalizada, y la d de "dan" es la th vocalizada).
Traducción: Tu comida es más saludable que la de ella.

Her agent arrived earlier than his.
Pronunciación: Jer ei-yent a-rraivd er-lier dan jis (la t de "yent", la d de "rraivd", y la d de "dan" son la th vocalizada).
Traducción: Su agente llegó más temprano que el de ella.

Their prices are much higher than ours.
Pronunciación: Deiar prai-ces ar moch jai-guer dan aurs (la d de "deiar" y la d de "dan" son la th vocalizada. La a de "deiar" y la gu de "guer" son sutiles).
Traducción: Sus precios son mucho más elevados que los nuestros.

Our parents help us with our homework more than theirs.
Pronunciación: Aur pa-rents jelp os vuiz aur jom-vuorc mor dan deiars (la t de "rents" y la a de "deiars" son sutiles. La d de "dan", y la d de "deiars" son la th vocalizada. La z de "vuiz" es la th no vocalizada).
Traducción: Nuestros padres nos ayudan con la tarea más que los suyos.

Palabras del Vocabulario

Palabra	Pronunciación	Traducción
Search	Serch	Buscar/ Búsqueda
Fear	Fiar	Miedo/ Temer
Card	Card	Tarjeta
Finally	Fai-nal-li	Finalmente
Entertainment	En-ter-tein-ment (la t de "ment" es la th vocalizada).	Entretenimiento
Clothes	Clouts	Ropa
Unforgettable	On-for-gue-ta-bol (la o de "on" se aproxima a la u).	Inolvidable
Another	A-no-der (la d es la th vocalizada).	Otro
Sunglasses	Son-gla-ses	Gafas de Sol
Watch	Vuatch (la t es la th vocalizada).	Mirar
New	Niu	Nuevo
Keys	Quis	Llaves
Games	Gueims	Juegos
Choice	Chois	Elección/ Decisión
Corner	Cor-ner	Esquina
Love	Lov	Amor
Buy	Bai	Comprar
Money	Mo-ni	Dinero
Ticket	Ti-quet (la t de "quet" es la th vocalizada).	Boleto/ Entrada/ Pasaje
Jewellery	Yu-vuel-ri	Joyería
Lucky	Lo-qui	Suertudo/a
Favor	Fei-vor	Favor
Homework	Jom-vuorc	Tarea
Cultural	Cul-tu-ral (la u de "cul" se aproxima a la o).	Cultural

73

Beside	Bi-said (la de es la th vocalizada).	Al lado
Contrary	Con-tra-ri	Contrario
Complete	Com-plit	Completar/ Completo
Kid	Quid	Niño/a
False	Fols (la o se aproxima a una a).	Falso
Woman	Vuo-man	Mujer
Man	Man	Hombre
Place	Pleis	Lugar/ Colocar
Together	Tu-gue-der (la d es la th vocalizada).	Juntos
Example	Ex-am-pol	Ejemplo
Party	Pa-ri	Fiesta/ Festejar.
School	Scul	Escuela
Story	Sto-ri	Historia
Now	Nau	Ahora
Alright	Al-raigt (la g es sutil, y la t es la th vocalizada).	De acuerdo/ Muy bien
Sky	Scai	Cielo
Garden	Gar-den	Jardín
Invite	In-vait	Invitar
Note	Nout	Nota/ Notar
Read	Rid	Leer
Open	Ou-pen	Abierto/ Abrir
Receive	Ri-siv	Recivir
Favorite	Fei-vo-rit	Favorito/a
Author	Au-tor (la t es la th vocalizada).	Autor/a
Heart	Jart (la t es la th vocalizada)	Corazón

Historia I (En Inglés) My Friends (Mis Amigos)

I am at a nice bar located on New York. The bar is very popular. It is near The Empire State. There are people in the bar. The name of the bar is "Black Cat". People drink beer. They have photographs of popular actors in their wall. The wall is old, but the furniture is new. There are plenty of people in the bar.

Today, I am meeting with my college friends. They are four. Their names are Michael, Peter, Annie, and Martha. Michael is Canadian. He lives in the USA but he comes from Canada. He is single. He is a lawyer. He is a good dancer. He goes to visit his parents every month. He has a dog. He likes Mexican cuisine. Peter is Irish. He lives in the USA but he comes from Ireland. He is married. He works as a professor. He sings well. He visits his father every year. He has a car. He is very wealthy. He likes Italian cuisine. Annie is French. She lives in the USA but she comes from Fance. She plays tennis. She shares an apartment with her brother. She is single. She goes to church every Sunday. Martha is German. She lives in the USA but she comes from Germany. She is a great violinist. She is married. She has three kids. She loves French cuisine. She lives with her husband and their three kids. She goes to visit her parents every three months.

Me and my four friends go to a bar every week. This bar is the best in the city. We are watching a football game on the T.V. The T.V. is on the wall, next to the celebritie's pictures. The T.V. is small. The noise from the people don't let us watch the game; therefore, we ask the waiter to bring us the bill. We leave the bar. We arrive at Elizabeth's place. It is Elizabeth's birthday. She cuts a cake. I gave Elizabeth a gift. The gift is a fancy pen. She likes the gift. She is very hapy. Elizabeth is my friend from childhood. She likes fast food, beer, sports, and cars. She is really a New Yorker. She works in a big company in New York. She lives by herself. She is very intelligent.

Historia I (En Castellano) Mis Amigos

Yo estoy en un bar agradable ubicado en Nueva York. El bar es muy popular. Se encuentra cerca del Empire State. Hay gente en el bar. El nombre del bar es "Black Cat". La gente toma cerveza. Ellos tienen fotografías de actores populares en su muro. El muro es viejo, pero los muebles son nuevos. Hay bastante gente en el bar.

El día de hoy me voy a reunir con mis amigos de la universidad. Ellos son cuatro. Sus nombres son Michael, Peter, Annie, y Martha. Michael es canadiense. Él vive en EEUU pero viene de Canadá. Él es soltero. Él es un abogado. Él es un buen bailarín. Él va a visitar a sus padres cada vez. Él tiene un perro. A él le gusta la comida mexicana. Peter es irlandés. Él vive en EEUU pero viene de Irlanda. Él está casado. Él trabaja como profesor. Él canta bien. Él visita a su padre cada año. Él tiene un automóvil. Él es muy pudiente. A él le gusta la comida italiana. Annie es francesa. Ella vive en EEUU pero viene de Francia. Ella juega tenis. Ella comparte un apartamento con su hermano. Ella es soltera. Ella va a la iglesia todos los domingos. Martha es alemana. Ella vive en EEUU, pero viene de Alemania. Ella es una gran violinista. Ella está casada. Ella tiene tres hijos. Ella ama la cocina francesa. Ella vive con su esposo y sus tres hijos. Ella va a visitar a sus padres cada tres meses.

Mis cuatro amigos y yo vamos a un bar cada semana. Este bar es el mejor de la ciudad. Estamos viendo un juego de fútbol en la televisión. La televisión está en el muro, al lado de las fotografías de las celebridades. La televisión es pequeña. El ruido de la gente no nos permite ver el juego; por ende, le pedimos al mesero que nos traiga la cuenta. Nosotros nos vamos del bar. Llegamos al piso de Elizabeth. Es el cumpleaños de Elizabeth. Ella corta un pastel. Yo le di un regalo a Elizabeth. El regalo es una pluma lujosa. Le gusta el regalo. Ella está muy feliz. Elizabeth es mi amiga de la infancia. Le gustan la comida rápida, la cerveza, los deportes, y los automóviles. Ella es verdaderamente una neoyorquina. Ella trabaja para una gran compañía en Nueva York. Ella vive sola. Ella es muy inteligente.

Historia II (En Inglés) My Birthday (Mi Cumpleaños)

What is in the box? A mailman comes during the morning, bringing some boxes with him. I receive five boxes from him. Are you sure? Five boxes? I look for an address but I don't find it. I'm slightly afraid. However, I open one of the five boxes. Here it is, a small card with the name of someone. I think to myself, who is it from? And it is from my daughter. She does not forget my birthday. She is my darling. She lives far away from me, but she's near my heart. So, in the box, I find some novels. The novels are all written by my favorite authors. I place the novels on my bookshelf. I am happy that I have such a kind daughter. I look at the other four boxes with excitement. I am not afraid anymore. I find some clothes in the second box. I store the clothes in my wardrobe. I open the third box to find a pair of sunglasses; in the fourth box, I find a watch. I wear the sunglasses and strap the watch around my wrist. In the last box, to my surprise, I find a note with my car keys. There is an address written on the note. It is the address of a restaurant. I look for my phone and call my daughter. She gives me the exact directions to get to the restaurant. I arrive at the restaurant. Everyone shouts "Happy Birthday!" when I get there. I see my friends, my parents, my husband, and my children there. We play some games for entertainment. There, at the corner of the restaurant, I see a beautiful cake. I celebrate my birthday with my loved ones. I am very lucky. I have a big family. This is truly an unforgettable day. Finally, I am 50 years old.

Historia I (En Castellano) Mi Cumpleaños

¿Qué hay en la caja? Un cartero viene durante la mañana, trayendo unas cajas con él. Yo recibo las cinco cajas de él. ¿Estás seguro? ¿Cinco cajas? Busco una dirección pero no la consigo. Estoy un poco asustada. Sin embargo, abro una de las cinco cajas. Aquí está, una pequeña caja con el nombre de alguien. Pienso para mi misma ¿De quién viene? Y es de mi hija. Ella es mi consentida. Ella vive lejos de mí, pero está cerca de mi corazón. Entonces, en la caja, encuentro unas novelas. Todas las novelas están escritas por mis autores favoritos. Yo coloco las novelas en mi librero. Estoy feliz por tener una hija tan amable. Veo las otras cuatro cajas con entusiasmo. Ya no estoy asustada. Encuentro ropa en la segunda caja. Yo guardo la ropa en mi ropero. Yo abro la tercera caja para encontrar un par de gafas de Sol; en la cuarta caja, encuentro un reloj. Me pongo las gafas, y me coloco el reloj alrededor de mi muñeca. En la última caja, para mi sorpresa, yo encuentro una nota con las llaves de mi automóvil. Hay una dirección escrita en la nota, es la dirección de un restaurante. Yo llego al restaurante. Todo el mundo grita "¡Feliz Cumpleaños!" cuando llego. Veo a mis amigos, mis padres, mi esposo, y mis hijos en ese lugar. Jugamos algunos juegos para entretenernos. Ahí, en una esquina del restaurante, veo un hermoso pastel. Yo celebro mi cumpleaños con mis seres amados. Yo soy muy afortunada. Yo tengo una gran familia. Este es realmente un día inolvidable. Finalmente, tengo cincuenta años de edad.

Capítulo Tres: I Love (Yo Amo)

¿Qué Haces Durante los Fines de Semana? (What Do You Do During the Weekends?)

To Watch: (Ver)

I watch	Yo veo
You watch	Tú ves/ Ustedes ven
He watches	Él ve
She watches	Ella ve
It watches	Eso ve
We watch	Nosotros vemos
They watch	Ellos ven

Oraciones:

I watch T.V.
Pronunciación: Ai vuatch ti-vi.
Traducción: Yo veo la televisión.

He watches a movie.
Pronunciación: Ji vuat-ches a mu-vi.
Traducción: Él ve una película.

They watch the football game together.
Pronunciación: Dei vuatch de fut-bal gueim tu-gue-der (las d de "dei", "de" y "der" son la th vocalizada. La a de "bal" se aproxima a la o).
Traducción: Ellos ven el juego de fútbol juntos.

We like to watch birds in the forest.
Pronunciación: Vui laik tu vuatch berds in de fo-rest (La d de "de" es la th vocalizada).
Traducción: A nosotros nos gusta ver aves en el bosque.

To Listen: (Escuchar)

I listen	Yo escucho
You listen	Tú escuchas/ Ustedes escuchan
She listens	Ella escucha
He listens	Él escucha
It listens	Eso escucha
We listen	Nosotros escuchamos
They listen	Ellos escuchan

Oraciones:

I listen to my favorite podcast.
Pronunciación: Ai li-sen tu mai fei-vo-rit pod-cast.
Traducción: Yo escucho mi podcast favorito.

He listens to the rain by the window.
Pronunciación: Ji li-sens tu de rein bai de vuin-dou (las d de ambas "de" son la th vocalizada).
Traducción: Él escucha la lluvia junto a la ventana.

She listens to the radio.
Pronunciación: Chi li-sens tu de rei-dio (la ch está suavizada y ligeramente arrastrada. La d de "de" es la th vocalizada).
Traducción: Ella escucha la radio.

We listen to the police officer's instructions.
Pronunciación: Vui li-sen tu de po-lis of-fi-cers ins-troc-tions (la d de "de" es la th vocalizada).
Traducción: Nosotros escuchamos las instrucciones del oficial de policía.

They listen to the teacher's lecture.
Pronunciación: Dei li-sen tu de ti-chers lec-tur (las d de "dei" y "de" son la th vocalizada).
Traducción: Ellos escuchan la clase del profesor.

To Visit: (Visitar)

I visit	Yo visito
You visit	Tú visitas/ Ustedes visitan
She visits	Ella visita
He visits	Él visita
It visits	Eso visita
We visit	Nosotros visitamos
They visit	Ellos visitan

Oraciones:

I visit my grandparents.
Pronunciación: Ai vi-sit mai grand-pa-rents.
Traducción: Yo visito a mis abuelos.

She visits Italy every spring.
Pronunciación: Chi vi-sits i-ta-li e-vri spring (la ch está suavizada y ligeramente arrastrada).
Traducción: Ella visita Italia cada primavera.

He visits his girlfriend every two days.
Pronunciación: Ji vi-sits jis gerl-friend e-vri tu deis (la e de "gerl" se aproxima a la i, y la i de "friend" es sutil).
Traducción: Él visita a su novia cada dos días.

We visit our grandsons every chance we get.
Pronunciación: Vui vi-sit aur grand-sons e-vri chans vui guet.
Traducción: Nosotros visitamos a nuestros nietos cada vez que podemos.

They visit the church every Sunday.
Pronunciación: Dei vi-sit de church e-vri son-dei (las d de "dei" y "de" son la th vocalizada. La u de "church" se aproxima a la o, y la o de "son" se aproxima a la u).
Traducción: Ellos visitan la iglesia todos los domingos.

To Go: (Ir)

I go	Yo voy
You go	Tú vas/ Ustedes van
She goes	Ella va
He goes	Él va
It goes	Eso va
We go	Nosotros vamos
They go	Ellos van

Oraciones

I go to Oklahoma every year to watch the games.
Pronunciación: Ai go tu o-cla-jo-ma e-vri yier tu vuatch de gueims (la d de "de" es la th vocalizada).
Traducción: Yo voy cada año a Oklahoma para ver los juegos.

She goes to Japan every spring to watch the cherry blossoms.
Pronunciación: Chi gos tu ya-pan e-vri spring tu vuatch de cher-ri blo-soms (La ch de "chi" está suavizada y ligeramente arrastrada. La g de "spring" es sutil, y la d de "de" es la th vocalizada).
Traducción: Ella va a Japón cada año para ver las flores de cerezo.

He goes to Spain to visit his family.
Pronunciación: Ji gos tu spein tu vi-sit jis fa-mi-li.
Traducción: Él va a España para visitar a su familia.

We always go to the beach when it's sunny.
Pronunciación: Vui ol-vueis go tu de bich vuen its so-ni (la d de "de" es la th vocalizada).
Traducción: Nosotros siempre nos vamos a la playa cuando está soleado.

They go tu Germany every October.
Pronunciación: Dei go tu yer-ma-ni e-vri oc-to-ber.
Traducción: Ellos van a Alemania cada octubre.

To Sleep: (Dormir)

I sleep	Yo duermo
You sleep	Tú duermes/ Ustedes duermen
She sleeps	Ella duerme
He sleeps	Él duerme
It sleeps	Eso duerme
We sleep	Nosotros dormimos
They sleep	Ellos duermen

Oraciones:

I sleep late at night.
Pronunciación: Ai slip leit at nait (la t es la th vocalizada).
Traducción: Yo duermo tarde en la noche.

She sleeps in her bedroom.
Pronunciación: Chi slips in jer bed-rum (la ch está suavizada y ligeramente arrastrada).
Traducción: Ella duerme en su habitación.

He sleeps in class when it's cold.
Pronunciación: Ji slips in clas vuen its cold.
Traducción: Él duerme en clases cuando hace frío.

We sleep in rounds to keep watch over the camp.
Pronunciación: Vui slip in raunds tu quip vuatch ou-ver de camp (La u de "ou" es sutil, y la d de "der" es la th vocalizada).
Traducción: Nosotros dormirmos en rondas para vigilar el campamento.

They sleep in the garden when it's cloudy.
Pronunciación: Dei slip in de gar-den vuen its clau-di (la d de "dei" es la th vocalizada).
Traducción: Ellos duermen en el jardín cuando está nublado.

To Write: (Escribir)

I write	Yo escribo
You write	Tú escribes/ Ustedes escriben
She writes	Ella escribe
He writes	Él escribe
It writes	Eso escribe
We write	Nosotros escribimos
They write	Ellos escriben

Oraciones:

I write a letter to my parents every Sunday
Pronunciación: Ai vruait a le-ter tu mai pa-rents e-vri son-dei (la t de "ter" es sutil, y la o de "son" se aproxima a la u).
Traducción: Yo le escribo una carta a mis padres cada domingo.

She writes her personal experiences in a journal.
Pronunciación: Chi vruaits jer per-so-nal ex-pi-rien-ces in ei yor-nal (la ch está suavizada y ligeramente arrastrada).
Traducción: Ella escribe sus experiencias personales en un diario.

He writes for a local newspaper.
Pronunciación: Ji vruaits for ei lo-cal nius-pei-per.
Traducción: Él escribe para un periódico local.

We write faster than our classmates.
Pronunciación: Vui vruait fas-ter dan aur clas-meits (la d de "dan" es la th vocalizada).
Traducción: Nosotros escribimos más rápido que nuestros compañeros de clases.

They write post cards to their grandmother every month.
Pronunciación: Dei vruait post cards tu deir grand-mo-der e-vri mont (las d de "dei", "deir", y "der", así como las t de "post" y "mont" son la th vocalizada. La d de "grand" es sutil).

Traducción: Ellos le escriben postales a su abuela cada mes.

To Play: (Jugar)

I play	Yo juego
You play	Tú juegas/ Ustedes juegan
She plays	Ella juega
He plays	Él juega
It plays	Eso juega
We play	Nosotros jugamos
They play	Ellos juegan

El verbo to play se utiliza en dos contextos y con dos significados distintos. El primer uso es para expresar que se está jugando algún juego o deporte. El segundo uso sirve para expresar la reproducción de sonidos en un instrumento musical (tocar), o en un dispositivo de audio (reproducir).

Oraciones:

I play videogames with my little brother.
Pronunciación: Ai plei vi-deo-gueims vuiz mai li-tol bro-der (la d de "der" es la th vocalizada, y la z de "vuiz" es la th no vocalizada).
Traducción: Yo juego videojuegos con mi hermano menor.

She plays the violin in an orchestra.
Pronunciación: Chi pleis de vaio-lin in an or-ques-tra (la ch está suavizada y ligeramente arrastrada, y la d de "de" es la th vocalizada).
Traducción: Ella toca violin en una orquestra.

He plays great music in the stereo every time there is a party.
Pronunciación: Ji pleis greit miu-sic in de ste-reo e-vri taim der is ei pa-ri.
Traducción: Él reproduce muy buena música en su estéreo cada vez que hay una fiesta.

We play together in a band.
Pronunciación: Vui plei tu-gue-der in ei band (la d de "der" es la th vocalizada).
Traducción: Nosotros tocamos juntos en una banda.

They play tennis really well.
Pronunciación: Dei plei ten-nis ri-li vuel (la d de "dei" es la th vocalizada).
Traducción: Ellos juegan muy bien tenis.

To Read: (Leer)

I read	Yo leo
You read	Tú lees/ Ustedes leen
She reads	Ella lee
He reads	Él lee
It reads	Eso lee
We read	Nosotros leemos
They read	Ellos leen

Oraciones:

I read a fashion magazine each Tuesday
Pronunciación: Ai rid ei fa-chion ma-ga-sin e-vri tius-dei (la ch está suavizada y ligeramente arrastrada).
Traducción: Yo leo una revista de modas cada semana.

She reads the tabloids in the morning.
Pronunciación: Chi rids de ta-bloids in de mour-nin (la ch está suavizada y ligeramente arrastrada. Las de de ambas "de" son la th vocalizada, y la u de "mour" es sutil).
Traducción: Ella lee los tabloides cada mañana.

We read the newspaper together as a family.
Pronunciación: Vui rid de nius-pei-per tu-gue-der as ei fa-mi-li (las d de "de" y "der" son la th vocalizada).
Traducción: Nosotros leemos el periódico juntos como familia.

They read very fast.
Pronunciación: Dei rid ve-ri fast (la d de "dei" es la th vocalizada).
Traducción: Ellos leen muy rápido.

Expresar Tus Gustos y Preferencias (To Express Your Taste and Preferences)

Para expresar tus gustos y preferencias tienes un conjunto de verbos que pueden ser usados como verbos principales (para mostrar preferencia relativa sobre el objeto de la oración) o como verbos auxiliares (para mostrar preferencia relativa sobre el verbo de la oración).

Expresión	Pronunciación	Traducción
I love	Ai lov	Yo amo /A mi me encanta
I don't love	Ai dont lov	Yo no amo/ A mi no me encanta
I adore	Ai a-dor	Yo adoro
I don't adore	Ai dont a-dor	Yo no adoro
I like	Ai laik	A mi me gusta
I don't like	Ai dont laik	A mi no me gusta
I hate	Ai jeit	Yo odio
I don't hate	Ai dont jeit	Yo no odio
I despise	Ai des-pais	Yo desprecio
I don't despise	Ai dont des-pais	Yo no desprecio
I prefer	Ai pre-fer	Yo prefiero

Ejemplos con los Verbos Como Verbo Principal

I love pancakes with maple syrup

Pronunciación: Ai lov pan-queics vuiz mei-pol si-rop (la z de "vuiz" es la th no vocalizada).

Traducción: Me encantan los panqueques con jarabe de arce.

She doesn't like cold climates.

Pronunciación: Chi dosnt laik cold clai-meits (la ch está suavizada y ligeramente arrastrada).

Traducción: A ella no le gustan los climas fríos.

He hates losing against his brother.
Pronunciación: Ji jeits lu-sing a-gueinst jis bro-der (la d de "der" es la th vocalizada, y la g de "sing" es sutil).
Traducción: Él odia perder contra su hermano.

We don't hate your food.
Pronunciación: Vui dont jeit yiur fuud.
Traducción: Nosotros no odiamos tu comida.

It doesn't like it when you take it to the veterinarian.
Pronunciación: It dosnt laik it vuen yiu teic it tu de ve-te-ri-na-rian (la d de "de" es la th vocalizada).
Traducción: No le gusta cuando lo llevan al veterinario.

They despise the Red Sox.
Pronunciación: Dei des-pais de red sox (la d de "de" es la th vocalizada).
Traducción: Ellos desprecian a los Medias Rojas.

I adore that band.
Pronunciación: Ai a-dor dat band (la d de "dat" es la th vocalizada).
Traducción: Yo adoro esa banda.

Ejemplos de los Verbos Como Verbo Auxiliar

I love playing guitar with my friends.
Pronunciación: Ai lov ple-ying de gui-tar vuiz mai friens (La g de "ying" y la i de "friends" son sutiles. La d de "de" es la th vocalizada, y la z de "vuiz" es la th no vocalizada).
Traducción: Me encanta tocar la guitarra con mis amigos.

She likes watching soap operas.
Pronunciación: Chi laiks vuat-ching soup o-pe-ras (La ch de "chi" está suavizada y ligeramente arrastrada. La g de "ching" y la u de "soup" son sutiles).
Traducción: A ella le gusta ver telenovelas.

We like riding our bicycles down the hill.

87

Pronunciación: Vui laik rai-ding aur bai-ci-cols daun de jil (la g de "ding" es sutil, y la d de "de" es la th vocalizada).
Traducción: A nosotros nos gusta bajar en bicicleta por la colina.

They don't adore eating vegetables.
Pronunciación: Dei dont a-dor i-tin ve-ye-ta-bols (La d de "dei" es la th vocalizada).
Traducción: Ellos no adoran comer vegetales.

El Verbo to Prefer (Preferir)

Los verbos previos permiten expresar una valoración subjetiva de diferentes actividades, objetos, y personas, así como una valoración relativa cuando algunos de estos verbos son comparados con otros. El verbo to prefer (preferir), por otro lado, sólo es usado para expresar preferenia de un objeto (o acción) sobre otro. También puede tomar forma tanto de verbo principal como de verbo auxiliar en cualquier oración. Este verbo permite expresar referencia relativa de un objeto (o acción) sobre otro, sin expresar valoración subjetiva. En otras palabras, te permite expresar que prefieres una situación sobre otra, sin concretar necesariamente si una de las dos situaciones te gusta o no.

Al usar este verbo, se compara una situación con otra comparando con las frases "rather than" (en lugar de), "over" (por encima de), entre otras para establecer la preferencia.

Ejemplos:

I prefer chocolate cake over ice cream.
Pronunciación: Ai pre-fer cho-co-leit queic ou-ver ais crim (la u de "ou" es sutil).
Traducción: Yo prefiero torta de chocolate en lugar de helado.

They prefer riding bicycle to work instead of being stuck in traffic.
Pronunciación: Dei pre-fer rai-ding bai-ci-col tu vuorc ins-ted of biing stoc in traf-fic (la d de "dei" es la th vocalizada. Las g de "ding" y "biing" son sutiles).

Traducción: Ellos prefieren ir en bicicleta al trabajo en lugar de quedarse atascados en el tráfico.

I would prefer having a cockroach crawl over me rather than have someone puke on me.
Pronunciación: Ai vuld pre-fer ja-vin a coc-rouch craul ou-ver mi ra-der dan jav som-uan piuc on mi (Las u de "rouch" y "ou" son sutiles. Las d de "der" y "dan" son la th vocalizada).
Traducción: Preferiría que una cucaracha me caminara encima en lugar de que alguien me vomite encima.

El Tiempo Futuro (The Future Tense)
Existen tres formas básicas y principales para hablar de eventos que ocurrirán en el futuro en inglés. Estos tiempos verbales son el futuro simple (future simple), futuro progresivo (future progressive), y el futuro perfecto (future perfect).

Verbo "To Be" en Futuro
El verbo "to be" (ser/ estar) en presente está cubierto por los verbos am, are, e is. Cuando se habla en futuro, estos tres son reemplazados por la forma verbal "will be", que se traduce ·como será o estará. El verbo vuil será pronunciado siempre como "vuil".

Will Be (Será/ Estará)

I will be	Yo seré/ estaré
You will be	Tú serás/ estarás–Ustedes serán/ estarán
She will be	Ella será/ estará
He will be	Él será/ estará
It will be	Eso será/ estará
We will be	Nosotros seremos/ estaremos
They will be	Ellos serán/ estarán

Tiempo Futuro Simple (Future Simple Tense)

Este tiempo verbal se construye con el verbo modal will, seguido del verbo en su forma básica en presente. De forma que la fórmula es la siguiente:

Sujeto + Verbo modal Will + Verbo principal + Complemento

Esta forma verbal se entiende literalmente como modificar el verbo principal a su conjugación en futuro en el idioma castellano. Por ejemplo, si run se traduce como correr, will run se traduce como correré. Existe otra fórmula para expresar el futuro simple en inglés, y es utilizando el verbo to go en gerundio (agregando ing), de la siguiente forma:

Sujeto + Verbo to be en presente (am/ are/ is) + Verbo going to + Verbo principal + Complemento

En esta segunda forma verbal el going to se entiende como "va a". Ambas formas verbales son válidas, pero en general está más aceptado usar la primera forma verbal para el futuro lejano, y decisiones que se toman en ese momento sobre el futuro. La segunda forma tiende a ser utilizada para expresar el futuro más inmediato.

Ejemplos:

I will buy this book's sequel when it's out.
Pronunciación: Ai vuil bai dis bucs si-cuel vuen its aut (La d de "dis" es la th vocalizada).
Traducción: Yo compraré la secuela de este libro cuando salga.

I will dance all night in the next party.
Pronunciación: Ai vuil dans ol nait in de next pa-ri (la d de "de", y la t de "nait", son la th vocalizada).
Traducción: Yo bailaré toda la noche en la siguiente fiesta.

It will rain all day tomorrow.
Pronunciación: It vuil rein ol dei tu-mo-rro.
Traducción: Lloverá todo el día de mañana.

They will win the next game.
Pronunciación: Dei vuil vuin de next gueim (las d de "dei" y "de" son la th vocalizada).
Traducción: Ellos ganarán el siguiente juego.

He is going to pay for this meal.
Pronunciación: Ji is goin tu pei for dis miil (la d de "dis" es la th vocalizada).
Traducción: Él va a pagar por esta comida.

We are going to get another round.
Pronunciación: Vui ar goin tu guet a-no-der raund (la d de "der" es la th vocalizada).
Traducción: Nosotros vamos a conseguir otra ronda.

It is going to urinate over the carpet.
Pronunciación: It is goin tu iu-ri-neit ou-ver de car-pet (la u de "ou" es sutil, y la d de "der" es la th vocalizada).
Traducción: Va a orinar sobre la alfombra.

Tiempo Futuro Progresivo (Future Progressive Tense)

El tiempo futuro progresivo se utiliza para describir situaciones que van a estar ocurriendo en el futuro. Es la mejor forma para visualizar algo que ocurrirá en el futuro. Se construye utilizando el verbo to be en futuro, con el verbo principal en gerundio (agregando ing), de la siguiente forma:

Sujeto + Verbo to be en futuro (Will be) + Verbo principal en gerundio (ing) + Complemento

Ejemplos:

It will be raining during our field trip.
Pronunciación: It vuil bi rei-nin du-rin aur fild trip (la d de "fild" es la th vocalizada).
Traducción: Estará lloviendo durante nuestro viaje de campo.

The guests will be arriving soon.
Pronunciación: De guests vuil bi a-rrai-vin sun.
Traducción: Los invitados estarán llegando pronto.

We will be eating dinner in five minutes.
Pronunciación: Vui vuil bi i-tin di-ner in faiv mi-nuts.
Traducción: Nosotros estaremos cenando en cinco minutos.

Tiempo Futuro Perfecto (Future Perfect Tense)

Similar a como ocurre con el presente perfecto, el uturo perfecto se construye con el verbo to have. En este caso, el verbo have estará precedido por el verbo modal will, y sucedido por el verbo principal en participio pasado, como se muestra en la fórmula:

Sujeto + Verbo modal will + Verbo to have + Verbo principal en participio pasado + Complemento

Este tiempo verbal se utiliza para describir sucesos que habrán acaecido o terminado en algún momento preciso del futuro. En este caso el verbo to have no se conjuga; siempre será have porque está precedido del verbo modal will, sea este usado en primera persona o en tercera persona.

Ejemplos:

He will have finished his homework by tomorrow.
Pronunciación: Ji vuil jav fi-ni-ched jis jom-vuorc bai tu-mo-rro (la ch está suavizada y ligeramente arrastrada).
Traducción: Él habrá terminado su tarea para mañana.

I will have lost ten pounds by the end of the year.
Pronunciación: Ai vuil jav lost ten paunds bai di end of de yier (Las d de "di" y "de" son la th vocalizada).
Traducción: Yo habré perdido diez libras para el final de este año.

We will have won three games by the end of this semester.
Pronunciación: Vui vuil jav vuon trii gueims bai di end of dis se-mes-ter (las d de "di" y "dis" son la th vocalizada).

Traducción: Nosotros habremos ganado tres juegos para el final de este semestre.

Del tiempo futuro perfecto existen dos formas básicas. La forma verbal explicada aquí corresponde al tiempo futuro perfecto simple; el tiempo futuro progresivo se conjuga con una pequeña variable. El tiempo futuro perfecto progresivo no será explicado en este texto de inglés básico.

Abreviaciones

El verbo modal will se abrevia uniéndolo al sujeto en forma de apóstrofe y doble l.

Forma no Abreviada	Forma Abreviada
I will	I'll
You will	You'll
She will	She'll
He will	He'll
It will	It'll
We will	We'll
They will	They'll

Similar a la abreviación del verbo to be en presente, estas abreviaciones del verbo modal will sólo ocurren en oraciones afirmativas. En oraciones negativas, en las cuáles el verbo modal will es sucedido por el auxiliar negativo (not), la abreviación ocurrirá siempre entre estas dos palabras.

Forma no Abreviada	Forma Abreviada
I will not	I won't
You will not	You won't
She will not	She won't
He will not	He won't
It will not	It won't
We will not	We won't
They will not	They won't

Ejemplos:

I'll be leaving soon.
Pronunciación: Ail bi lii-vin sun
Traducción: Yo pronto me estaré yendo.

They'll find a way to get there.
Pronunciación: Deil faind ei vuei tu guet der (las d de "deil", "faind", y "der" son la th vocalizada).
Traducción: Ellos encontrarán la forma de llegar allá.

She won't work for you.
Pronunciación: Chi vuont vuorc for yiu (la ch está suavizada y ligeramente arrastrada).
Traducción: Ella no va a trabajar para ti.

The Family Tree
Pregunta:

How many members are there in your family? (¿Cuántos miembros hay en tu familia?)

Respuesta:

There are five members in my family (Hay cinco miembros en mi familia).

Family Members: (Los Miembros de la Familia)
Aquí desarrollaremos todo lo que es la familia consanguínea.

Miembro	Pronunciación	Traducción
My mother	Mai mo-der (la d de "der" es la th vocalizada).	Mi madre
My father	Mai fa-der (la d de "der" es la th vocalizada).	Mi padre
My parent	Mai pa-rent (la t es la th vocalizada).	Mi padre (no discrimina género).

My grandmother	Mai grand-mo-der (la d de "grand" es sutil, y la d de "der" es la th vocalizada).	Mi abuela
My grandfather	Mai grand-fa-der (la d de "grand" es sutil, y la d de "der" es la th vocalizada).	Mi abuelo
My grandparent	Mai grand-pa-rent (la d de "grand" es sutil, y la t de "rent" es la th vocalizada).	Mi abuelo (no discrimina género).
My sister	Mai sis-ter	Mi hermana
My brother	Mai bro-der (la d de "der" es la th vocalizada).	Mi hermano
My son	Mai son	Mi hijo
My daughter	Mai dau-der (la a de "dau" se aproxima a una o, y la d de "der" es la th vocalizada).	Mi hija
My sibling	Mai si-blin	Mi hermano (no discrimina género).
My aunt	Mai aunt (la u es sutil).	Mi tía
My uncle	Mai on-col (la o de "on" se aproxima a una u).	Mi tío
My cousin	Mai cou-sin (la u es sutil).	Mi primo/a
My niece	Mai nis	Mi sobrina
My nephew	Mai ne-fiu	Mi sobrino

The Other Members: (Los Otros Miembros)

Aquí desarrollaremos la familia no consanguínea, o familia política. En inglés, Los miembros de la familia política se describen igual a la familia consanguínea, pero agregando el sufijo –in-law.

95

Miembro	Pronunciación	Traducción
Father-in-law	Fa-der in lou (la o de "lou" se aproxima a una a, y la u es sutil. La d de "der" es la th vocalizada).	Padrastro
Mother-in-law	Mo-der in lou (la o de "lou" se aproxima a una a, y la u es sutil. La d de "der" es la th vocalizada).	Madrastra
Husband	Jos-band (la d es sutil).	Esposo
Wife	Vuaif	Esposa
Sister-in-law	Sis-ter in lou (la o de "lou" se aproxima a una a, y la u es sutil).	Hermanastra
Brother-in-law	Bro-der in lou (la o de "lou" se aproxima a una a, y la u es sutil. La d de "der" es la th vocalizada).	Hermanastro
Daughter-in-law	Dau-der in lou (la a de "dau" se aproxima a una o. La d de "der" es la th vocalizada. La o de "lou" se aproxima a una a, y la u es sutil).	Yerna
Son-in-law	Son in lou (la o de "lou" se aproxima a una a, y la u es sutil).	Yerno
Aunt-in-law	Aunt in lou (la o de "lou" se aproxima a una a. Las u de "aung" y "lou" son sutilesl).	Tía política
Uncle-in-law	On-col in lou (la o de "on" se aproxima a una u. La o de "lou" se aproxima a una a, y la u es sutil).	Tío político

Cousin-in-law	Cou-sin in lou (La o de "lou" se aproxima a una a. Las u de "cou" y "lou" son sutiles).	Primo/a político/a

Describe Your Family. (Describe a tu Familia):

There are five members in my family: My father, my mother, my brother, my sister, and me. My father's name is Jason. He's 52 years old. He's an engineer. My mother's name is Victoria. She's 49 years old. She's a doctor. My brother's name is Alexander. He's 27 years old. He's a professional athlete. My sister's name is Jessica. She's 24 years old. She's a student. Finally there's me, Mary. I'm 22 years old. I'm a journalist.

Los Artículos (Definidos/Indefinidos) – The Articles (Definite/Indefinite)

Los artículos son palabras que acompañan y preceden a los sustantivos. En inglés, así como en otros idiomas, estos se pueden definir en artículos definidos y artículos indefinidos.

Los Artículos Definidos (The Definite Articles)

Los artículos definidos son aquellos que se usan para sustantivos conocidos. Es decir, se usan cuando se está haciendo referencia a algún ser u objeto en específico. En castellano, estos vendrían a ser el, la, los, y las. El inglés simplifica esto, y tiene un sólo artículo definido, el the.

The, el artículo definido en el idioma inglés, no discrimina género, plural, o singular. Se puede utilizar en cualquiera de estas situaciones.

The car	El automóvil
The bird	La ave
The buildings	Los edificios
The sisters	Las hermanas

The siempre se va a escribir igual, y la única diferencia apreciable va a ser en la pronunciación. Se pronuncia con la vocal e cuando el sustantivo al que está aplicado empieza con consonante, y con la vocal i cuando el sustantivo empieza con una vocal.

Ejemplos:

The motorcycle.
Pronunciación: De mo-tor-sai-quel (la d de "de" es la th vocalizada).
Traducción: La motocicleta.

The orange.
Pronunciación: Di o-ranch (la d es la th vocalizada, y la ch está suavizada y ligeramente arrastrada).
Traducción: La naranja.

Los Artículos Indefinidos (The Indefinite Articles)

Los artículos indefinidos, a diferencia de los definidos, se utilizan cuando no se hace referencia a ningún objeto o sujeto en específico. Los artículos indefinidos en castellano son un, una, unos, y unas. En inglés, los dos primeros son reemplazados por a y an, mientras que los dos segundos no tienen reemplazo. Una vez más, los artículos indefinidos en inglés no discriminan género. La distinción entre a y an es dada dependiendo si el sustantivo al que son aplicados empieza con consonante (a) o vocal (an).

Ejemplos:

A rooster   Un gallo
An apple   Una manzana

Como fue establecido previamente, no existe reemplazo para los artículos unos y unas en el idioma inglés. Esto se debe a que no hay artículos indefinidos plurales en el inglés. Otro factor importante es que la distinción entre a y an depende más de la pronunciación del sustantivo que de cómo se escribe. Si el sustantivo que le sucede empieza con una h muda, entonces se utiliza el an. Si, en cambio, empieza con una h que se pronuncia, el artículo a elegir debe ser a.

Ejemplos:

A harp   (pronunciación: ei jarp)
Una harpa

An honor   (pronunciación: an o-nor)
Un honor

Palabras del Vocabulario

Palabra	Pronunciación	Traducción
Since	Sins	Desde
Year	Yier	Año
Marks	Marcs	Marcas
Only	On-li	Solo (de unidad más que de soledad).
Suddenly	So-den-li (la o se aproxima a una u).	Repentinamente
Leave	Liiv	Irse
Again	A-gueb	De nuevo
Studies	Sto-dis	Estudios
Anger	En-guer (la e de "en" se aproxima a una a).	Ira
Lamp	Lamp	Lámpara
Live	Liv	Vivir/ Vive
Envy	En-vi	Envidia
Cry	Crai	Llorar/ llanto
Resign	Ri-sain	Renunciar
Investigate	I-ves-ti-gueit	Investigar
Imaginary	I-ma-yi-na-ri	Imaginario/a
Light	Laigt (la g es sutil).	Luz/ ligero/ liviano
Room	Rum	Habitación
Black	Black	Negro
Stamina	Sta-mi-na	Vigor/ Resistencia
Available	A-vei-la-bel	Disponible

Opposite	O-po-sit	Opuesto
Office	O-fis	Oficina
Like	Laik	Gustar
Time	Taim	Tiempo
Because	Bi-cos	Porque (en afirmación).
When	Vuen	Cuándo (en interrogación).
Loneliness	Lon-li-nes	Soledad
Mountains	Maun-tains (la u es sutil).	Montañas
Beach	Bich	Playa
Dog	Dog (la o se aproxima a la a).	Perro
Cat	Cat	Gato
Nature	Nei-tiur (la i de "tiur" es sutil).	Naturaleza
Cockroaches	Coc-rou-ches	Cucaracha
Chocolate	Cho-co-leit	Chocolate
Noise	Nois	Ruido
Rain	Rein	Lluvia
Crowd	Craud	Multitud
Difficult	Di-fi-cult (la u se aproxima a una o).	Difícil
Easy	I-si	Fácil

Historia I (En Inglés) A Secret Life (Una Vida Secreta)

There is a secret. What is it, you say? This is the secret of a man. He does not tell his secret. He fell in love with his teacher two years ago, and his teacher loves him back. He studies at a big school. His teacher gives him good grades. She is beautiful and smart. She is 30 years old, while the man is only 21 years old. There's a big age difference. They're afraid of what society would say. They do not tell their secret. During the week, they are busy with their courses. They do not meet during the week. However, this weekend, they went to another city. They discussed the topic of their marriage. They are planning to speak with their parents. The teacher does not have a problem with this. The problem is the man's family. He decides to speak with his parents the next week. Also, he has an habit. He writes love letters to her. The man's father read his letters one day. He got very angry. His father asked him to leave the relationship. However, the man does not listen. His mother cries a lot. Because of this, the man decided to leave his house. The man went to his friend's house. He called his teacher. They had a long conversation and they decided to get married. They will go to another country. They will live together in peace. The teacher will look for work, and the man will complete his studies. It will be difficult, but not impossible. Suddenly, the man got a message. It is a message from his mother. He goes back home. He leaves his love behind. He continues living with his parents. He does not speak about the message he got from his mother. Once again, this is another secret of his life.

Historia I (En Castellano) Una Vida Secreta

Hay un secreto ¿Que cuál es, dices? Este es el secreto de un hombre. Él no dice su secreto. Él se enamoró de una profesora hace dos años, y su profesora también lo ama. Él estudia en una gran escuela. Su profesora le da buenas notas. Ella es hermosa e inteligente. Ella tiene 30 años, mientras que el hombre sólo tiene 21 años. Existe una gran diferencia de edad. Ellos temen a lo que la sociedad podría decir. Ellos no cuentan su secreto. Durante la semana, están ocupados con sus clases. Ellos no se reúnen durante la semana. Sin embargo, este fin de semana se fueron a otra ciudad. Ellos discutieron el tema de su matrimonio. Ellos están planeando hablar con sus padres. La profesora no tiene problemas con esto. El problema es la familia del hombre. Él decide hablar con sus padres la próxima semana. Además de esto, él tiene un hábito. Él le escribe cartas de amor. El padre del hombre leyó sus cartas un día. Se molestó mucho. Su padre le pidió que dejara la relación. Sin embargo, el mal no escucha. Su madre llora mucho. Debido a esto, el hombre decidió dejar su casa. El hombre se fue a la casa de su amigo. Él llamó a su profesora. Tuvieron una conversación larga y decidieron casarse. Ellos irán a otro país. Ellos vivirán juntos en paz. La profesora buscará trabajo, y el hombre completará sus estudios. Será difícil, pero no imposible. De repente, el hombre recibió un mensaje. Es un mensaje de su madre. Él regresa a su hogar. Él deja atrás a su amor. Él sigue viviendo con sus padres. Él no habla sobre el mensaje que recibió de su madre. Una vez más, este es otro secreto de su vida.

Historia II (En Inglés) Imaginary Friend (Amigo Imaginario)

An imaginary friend! She has an imaginary friend. She speaks with her special friend. She watches the T.V. with her friend. She is not alone because she has a friend. She likes playing with him. She reads novels with her friend. She likes her imaginary friend. She lives with her father and her mother. There are not three members in his family; she counts four members because her friend is another member of the family. She eats with her friend. She hates when people doesn't believe her. She likes to go to the playground with her friends from school, but she prefers to stay at home with her imaginary friend. Her imaginary friend does not say mean things like other friends do. Also, her imaginary friend does everything she wants him to do. He dances with her. His imaginary friend does not go to work like her parents. Her parents do not have enough time for her. Her imaginary friend is always available for her. She does not like loneliness. She hates dark rooms. She is very small. She sleeps with the light of a lamp. She is happy with her imaginary friend. Her best friend is an imaginary friend. Do you have an imaginary friend? What is your story?

Historia II (En Castellano) Amigo Imaginario

¡Un amigo imaginario! Ella tiene un amigo imaginario. Ella habla con su amigo especial. Ella ve la televisión con su amigo. Ella no está sola porque tiene a un amigo. A ella le gusta jugar con él. Ella lee novelas con su amigo. A ella le agrada su amigo imaginario. Ella vive con su padre y su madre. No hay tres miembros en esta familia; ella cuenta cuatro miembros porque su amigo es otro miembro de la familia. Ella come con su amigo. Ella odia cuando la gente no le cree. A ella le gusta ir al patio de juegos con sus amigos de la escuela, pero prefiere quedarse en casa con su amigo imaginario. Su amigo imaginario no le dice cosas malas como lo hacen otros amigos. Además, su amigo imaginario hace todo lo que ella le pide. Él baila con ella. Su amigo imaginario no va a trabajar como sus padres. Sus padres no tienen suficiente tiempo para ella. Su amigo imaginario siempre está disponible para ella. A ella no le gusta la soledad. Ella odia las habitaciones oscuras. Ella es muy pequeña. Ella duerme con la luz de una lámpara. Ella es feliz con su amigo imaginario. Su mejor amigo es un amigo imaginario ¿Tú tienes un amigo imaginario? ¿Cuál es tu historia?

Capítullo Cuatro:

Is That Ok? (¿Está Bien?)

Los Verbos Want (Querer) y Can (Poder)

Want (Querer):

El verbo want es un verbo utilizado para expresar deseo. El verbo que se traduce más literalmente como deseo es el verbo wish (también usado como sustantivo), pero el verbo want es más utilizado. La traducción más literal al castellano viene a ser "querer".

I want	Yo quiero
You want	Tú quieres/ Ustedes quieren
She wants	Ella quiere
He wants	Él quiere
It wants	Eso quiere
We want	Nosotros queremos
They want	Ellos quieren

Ejemplos:

I want to ride my bicycle.
Pronunciación: Ai vuant tu raid mai bai-ci-col.
Traducción: Yo quiero manejar mi bicicleta.

Do you want to eat hamburguers?
Pronunciación: Du yiu vuant tu it jam-bur-guers (la u de "bur" se aproxima a la o).
Traducción: ¿Quieres comer hamburguesas?

She wants to play tennis.

Pronunciación: Chi vuants tu plei te-nis (la ch está suavizada y ligeramente arrastrada).

Traducción: Ella quiere jugar tenis.

He wants a new suit.

Pronunciación: Ji vuants a niu sut.

Traducción: Él quiere un traje nuevo.

We want to go to the movie theater.

Pronunciación: Vui vuant tu go tu de mu-vi ti-a-ter (La d de "de" y la t de "ter" son la th vocalizada).

Traducción: Nosotros queremos ir al cine.

They want to play with our dog.

Pronunciación: Dei vuant tu plei vuiz aur dog (la d de "dei" es la th vocalizada, y la z de "vuiz" es la th no vocalizada).

Traducción: Ellos quieren jugar con nuestro perro.

Can (Poder):

El verbo poder en inglés se utiliza de la misma forma que en castellano. Este se usa para expresar capacidad, hablar de la posibilidad de que algo ocurra, y pedir permiso para hacer algo. Como se explicó en el primer capítulo, can es un verbo modal; por ende, no se conjuga en tercera persona.

I can	Yo puedo
You can	Tú puedes
She can	Ella puede
He can	Él puede
She can	Ella puede
It can	Eso puede
We can	Nosotros podemos
They can	Ellos pueden

Pidiendo Permiso:

Oración	Significado
Can I enter?	¿Puedo entrar?
Can I go to the bathroom?	¿Puedo ir al baño?
Can I have the last slice?	¿Puedo tener la última rebanada?

Expresando Capacidad:

Oración	Significado
I can eat 100 chocolates in a week.	Yo puedo comer 100 chocolates en una semana.
He can lift 200 pounds.	Él puede levantar 200 libras.
She can run the mile in under seven minutes.	Ella puede correr la milla en menos de siete minutos.

Expresando Posibilidad:

Oración	Significado
It can rain.	Puede que llueva.
You can get fired after this.	Te pueden despedir después de esto.
He can ask you out if he sees you in that dress.	Él te podría invitar a salir si te ve en ese vestido.

El Pedirle Algo a Alguien

Existen dos formas principales de pedirle algo a alguien en inglés. Se puede pedir de forma cortés y forma imperativa. El por favor, traducido en inglés como "please", es agregado a menudo tanto en las solicitudes corteses como en las imperativas.

105

Pedir de Forma Cortés

En inglés, las solicitudes corteses se hacen haciendo una pregunta, más que pidiendo de forma imperativa. Los verbos más usados para estas solicitudes corteses son el verbo would y el verbo could. Ambos verbos son verbos modales, equivalentes en pasado de otros verbos modales. Would es el equivalente en pasado del verbo will, mientras que could es el equivalente pasado del verbo can. Puesto al inicio de una pregunta en solicitud, would puede ser traducido como "podría" o "querría", dependiendo del caso; could, en este contexto, siempre se entenderá como "podría".

Ejemplos:

Would you pass me the salt?
Pronunciación: Vuld yiu pas mi de solt (la d de "de" es la th vocalizada, y la o se aproxima a una a).
Traducción: ¿Podrías pasarme la sal?

Could you take out the trash?
Pronunciación: Culd yiu teic aut de trach (la d de "de" es la th vocalizada, y la sh está suavizada y ligeramente arrastrada).
Traducción: ¿Podrías sacar la basura?

Would you be silent, please?
Pronunciación: Vuld yiu bi sai-lent plis.
Traducción: ¿Querrías hacer silencio, por favor?

Would y could no son los únicos verbos que se utilizan en estas solicitudes corteses. Este tipo de solicitudes también pueden ser hechas con sus equivalentes will, y can. Este uso es menos frecuente, y no es entendido tan cortes y formal como el vould y could.

Ejemplos:

Can you hand me my coat?
Pronunciación: Can yiu jand mi mai cout.
Traducción: ¿Puedes pasarme mi abrigo?

Will you turn off the light, please?
Pronunciación: Vuil yiu turn of de laigt, plis (la d de "de" es la th vocalizada, y la g es sutil).
Traducción: ¿Apagarás la luz, por favor?

Pedir de Forma Imperativa

Estas solicitudes son percibidas como menos corteses que las previamente explicadas. Dependiendo del contexto, pueden ser consideradas descorteses, o encajar mejor con una voz de mando de autoridad. Las solicitudes en forma imperativa se hacen con una afirmación en lugar de una interrogación. No usan un verbo modal, y en su lugar usan el verbo relacionado con la solicitud.

Ejemplos:

You, put your hands where I can see them!
Pronunciación: Yiu put yiur jands vuer ai can sii dem (la d de "dem" es la th vocalizada).
Traducción: ¡Ustedes, pongan sus manos donde pueda verlas!

Lock down the door on your way out.
Pronunciación: Loc daun de door on yiur vuei aut (la d de "de" es la th vocalizada).
Traducción: Cierra la puerta con cerrojo cuando vayas de salida.

Karen, make enough coffee for all of us, please.
Pronunciación: Ca-ren meik e-nof co-fi for ol of os plis.
Traducción: Karen, haz suficiente café para todos nosotros, por favor.

Los Pronombres Como Objeto (Object Pronouns)

Los pronombres disyuntivos, o pronombres como objeto, son un fenómeno relativamente reciente en el idioma inglés. Este tipo de pronombres no existía en el inglés clásico, y su uso puede ser controversial en el inglés más formal y académico. Sin embargo, son usados ampliamente en el inglés coloquial y deben ser estudiados de forma acorde.

Pronombre objeto	Pronunciación	Traducción	Pronombre equivalente
Me	Mi	Mi	I
You	Yiu	Ti	You (singular).
Him	Jim	Él	He
Her	Jer	Ella	She
It	It	Eso	It
Us	Os	Nosotros	You (plural).
Them	Dem (la d es la th vocalizada).	Ellos	Ellos

Los pronombres objeto se utilizan cuando el pronombre está ubicado en el complemento de la oración. En otras palabras, el sustantivo al que se hace referencia es objeto, no sujeto de la oración.

Ejemplos:

She is going to give me a present today.
Pronunciación: Chi is goin tu guiv mi ei pre-sent tu-dei (la ch está suavizada y ligeramente arrastrada).
Traducción: Ella me dará un regalo hoy (sería la traducción más aceptable, pero una traducción más literal sería "ella me va a dar a mi un regalo hoy").

I do not want this to happen to you.
Pronunciación: Ai du not vuant dis tu ja-pen tu yiu (la d de "dis" es la th vocalizada).
Traducción: Yo no quiero que esto te pase a ti.

I am going out with him.
Pronunciación: Ai am goin aut vuiz jim (la z de "vuiz" es la th no vocalizada).
Traducción: Yo voy a salir con él.

She cares about her.
Pronunciación: Chi queirs a-baut jer (la ch está suavizada y ligeramente arrastrada).
Traducción: A ella le importa ella.

We want you to come work with us.

Pronunciación: Vui vuant yiu tu com vuorc vuiz os (la z de "vuiz" es la th no vocalizada).

Traducción: Nosotros queremos que vengas a trabajar para nosotros.

You should sell it to them.

Pronunciación: Yiu chuld sel it tu dem (la ch está suavizada y ligeramente arrastrada, y la d de "dem" es la th vocalizada).

Traducción: Tú se lo deberías vender a ellos.

El Tiempo Pasado (Past Tense)

La construcción del tiempo pasado en inglés se hace conjugando los verbos en pasado, principalmente los verbos to be, to do, y to have. Estas formas verbales se usarán como verbos auxiliares en estos tiempos verbales, en particular el pasado progresivo y el pasado perfecto.

Conjugación de Verbos Auxiliares en Pasado
Verbo to Be

El verbo to be en pasado sólo tiene dos variables, was y were. La primera se utiliza para primera persona y tercera persona en singular. La segunda se utiliza para segunda persona en singular y plural, primera persona en plural, y tercera persona en plural.

Verbo	Pronunciación	Traducción	Pronombres en que se utiliza
Was	Vuas	Fui/ Estuve - Fue/ Estuvo	I, he, she, It.
Were	Vuer	Fuiste/ Estuviste– Fuimos/ Estuvimos- Fueron/ Estuvieron	You (singular y plural), we, they.

Verbo to Do

El verbo to do en pasado se conjuga siempre como did, sin importar el pronombre al cuál se aplique.

I did	Yo hice
You did	Tú hiciste/ Ustedes hicieron
She did	Ella hizo
He did	Él hizo
It did	Eso hizo
We did	Nosotros hicimos
They did	Ellos hicieron

Verbo to Have

El verbo to have, al igual que el verbo to do, tiene una sola conjugación en pasado que aplica para todos los pronombres. En este caso, la conjugación en pasado del verbo have es had.

I had	Yo tenía
You had	Tú tenías/ Ustedes tenían
She had	Ella tenía
He had	Él tenía
It had	Eso tenía
We had	Nosotros teníamos
They had	Ellos tenían

Tiempo Pasado Simple (Past Simple Tense)

Este tiempo verbal se construye como el presente simple, pero con el verbo principal conjugado en pasado (en particular, pasado simple). Su estructura es la siguiente:

Sujeto + Verbo principal conjugado en pasado simple + Complemento

Esta es la estructura para las oraciones afirmativas en pasado simple. Las oraciones negativas, de forma análoga a las del presente simple, se construyen usando el verbo to do. En este caso, el verbo to do irá conjugado en pasado (did) y sucedido por la negación (not). Como el verbo to do ya está conjugado en pasado, conjugar el verbo principal también en pasado sería una redundancia; por ende, mientras haya un verbo to do conjugado en pasado, el verbo principal irá conjugado en presente. La estructura de las oraciones negativas en pasado simple es la siguiente:

Sujeto + Verbo to do (did) + Auxiliar negativo (not) + Verbo principal en forma básica + Complemento

En oraciones interrogativas en tiempo pasado simple, el verbo to do conjugado en pasado, junto a un verbo principal conjugado en forma básica, vuelven a ser la regla.

Ejemplos:

I walked to the store yesterday.
Pronunciación: Ai vualct tu de stor yes-ter-dei (la t de "vualct" y la d de "de" son la th vocalizada).
Traducción: Yo caminé hasta la tienda ayer.

Did you go to class today?
Pronunciación: Did yiu go tu clas tu-dei.
Traducción: ¿Tú fuiste a clases hoy?

She did her homework in the afternoon.
Pronunciación: Chi did jer jom-vuorc in di af-ter-nun (la ch está suavizada y ligeramente arrastrada, y la d de "di" es la th vocalizada).
Traducción: Ella hizo su tarea en la tarde.

He did not cook this meal.
Pronunciación: Ji did not cuuc dis miil.
Traducción: Él no cocinó esta comida.

We made our way into the jungle.
Pronunciación: Vui meid aur vuei in-tu de yun-gol (la d de "de" es la th vocalizada).
Traducción: Nosotros nos abrimos paso dentro de la jungla.

Did they fail the test?
Pronunciación: Did dei feil de test (las d de "dei" y "de" son la th vocalizada).
Traducción: ¿Ellos reprobaron el examen?

Tiempo Pasado Progresivo (Past Progressive Tense)

El tiempo pasado progresivo en inglés se construye con el verbo to be conjugado en pasado, usado como verbo auxiliary, y el verbo principal conjugado en gerundio (sumando ing como sufijo al final). La fórmula de estas oraciones es la siguiente:

Sujeto + Verbo to be conjugado en pasado (was/were) + Verbo principal en gerundio (ing) + Complemento

El tiempo pasado progresivo se utiliza principalmente para describir eventos pasados que se están desarrollando en el transcurso de un relato. También se usa para manifestar intenciones presentes desde el pasado.

Ejemplos:

I was going to the market when I saw her.
Pronunciación: Ai vuas goin tu de mar-quet vuen ai sou jer (la d de "de" es la th vocalizada, y la u de "ou" es sutil).
Traducción: Yo estaba yendo al mercado cuando la vi.

You were playing great until we reached the fast part.
Pronunciación: Yiu vuer ple-ying greit on-til vui richt de fast part (la g de "ying" es sutil. La o de "on" se aproxima a la u. La d de "de" es la th vocalizada).
Traducción: Tú estabas tocando muy bien hasta que llegamos a la parte rápido.

She was laying on the beach when it started raining.
Pronunciación: Chi vuas le-ing on de bich vuen it sta-red rei-nin (La ch está suavizada y ligeramente arrastrada. La g de "ing" es sutil. La d de "de" es la th vocalizada).
Traducción: Ella estaba acostada en la playa cuando empezó a llover.

He was running when he fell.
Pronunciación: Ji vuas ro-nin vuen ji fel.
Traducción: Él estaba corriendo cuando se cayó.

We were going to buy it.
Pronunciación: Vui vuer goin tu bai it.
Traducción: Nosotros íbamos a comprarlo.

They were staying at our hotel.
Pronunciación: Dei vuer ste-ing at aur jo-tel (La d de "dei" es la th vocalizada, y la g es sutil).
Traducción: Ellos se estaban quedando en nuestro hotel.

Tiempo Pasado Perfecto (Past Perfect Tense)

El tiempo pasado perfecto, como el resto de los tiempos perfectos, se construye con el verbo to have. El verbo have en este caso está conjugado en pasado, y aparece como verbo auxiliar. Por ende, su traducción pasa a ser su significado en auxiliar (he), pero en pasado (había). La fórmula de este tiempo verbal es la siguiente:

Sujeto + Verbo auxiliar to have en pasado (had) + Verbo principal conjugado en participio pasado + Complemento

Los verbos regulares se conjugan en participio pasado de la misma forma en que se conjugan en pasado simple, agregando ed como sufijo. Los verbos irregulares tienen su propia conjugación en participio pasado que fue expuesta en el primer capítulo de este libro.

El tiempo pasado participio es preferido en situaciones en que se necesita expresar eventos que ocurrieron en el pasado antes de otros eventos.

Ejemplos:

The dinner had started when I got there.
Pronunciación: De di-ner jad sta-red vuen ai got der (la d de "der" y la t de "got" son la th vocalizada).
Traducción: La cena había empezado cuando llegué ahí.

The plane had crashed when you woke up.
Pronunciación: De plein jad cracht vuen yiu vuoc op (La ch está suavizada y ligeramente arrastrada. La d de "de" y la t de "cracht" son la th vocalizada).
Traducción: El avión se había estrellado cuando tú despertaste.

The flowers had blossomed when she walked in.
Pronunciación: De flauers jad blo-somd vuen chi vualcd in (las d de "de", "somd" y "vualcd" son la th vocaliada. La ch está suavizada y ligeramente arrastrada).
Traducción: Las flores habían florecido cuando ella entró caminando.

His dog had ran away when he came back home.
Pronunciación: Jis dog jad ran a-vuei vuen ji queim bac jom.
Traducción: Su perro se había escapado cuando él volvió a casa (una traducción literal de "ran away" es "corrido lejos"; sin embargo, en este contexto se entiende más como escapar).

We had finished the shift when the accident happened.
Pronunciación: Vui jad fi-nicht de chift vuen de ac-si-dent ja-pend (las t de "nicht", chift, y "dent", así como las d de ambas "de" y "pend" son la th vocalizada. Los ch de "nicht" y "chift" están suavizadas y ligeramente arrastradas).
Traducción: Nosotros habíamos terminado el turno cuando el accidente ocurrió.

They had bought the beer before I got there.
Pronunciación: Dei jad bogt de bir bi-for ai got der (las t de "bogt" y "got", así como las d de "dei", "de", y "der" son la th vocalizada).

Traducción: Ellos habían comprado la cerveza antes de que yo llegué.

Abreviaciones:

El verbo to be en pasado, a diferencia de sus conjugaciones en presente y futuro, no se abrevia junto al sujeto. En el tiempo pasado, lo único que se abrevia es el verbo to have en pasado, usado como verbo auxiliar en el pasado perfecto.

No Abreviado	Abreviado
I had	I'd
You had	You'd
She had	She'd
He had	He'd
It had	It'd
We had	We'd
They had	They'd

El Presente Progresivo (Present Progressive)

El tiempo presente progresivo se utiliza para describir acciones en curso, así como manifestar futuros o intenciones inmediato. El tiempo presente progresivo se construye con el verbo to be en presente, sucedido por el verbo en gerundio, siguiendo la siguiente fórmula:

Sujeto + Verbo to be (am/ are/ is) + Verbo principal en gerundio (ing) + Complemento

Ejemplos:

I am walking in the park.
Pronunciación: Ai am vual-quin in de parc (la d de "de" es la th vocalizada).
Traducción: Yo estoy caminando en el parque.

You are eating here.
Pronunciación: Yiu ar i-tin jir.
Traducción: Tú vas a comer aquí.

She is dying to see that movie.
Pronunciación: Chi is da-ing tu si dat mu-vi (la d de "dat" es la th vocalizada. La ch está suavizada y ligeramente arrastrada).
Traducción: Ella está muriéndose por ver esa película.

He is training with his friends.
Pronunciación: Ji is trei-nin vuiz jis friens (La z de "vuiz" es la th no vocalizada, y la i de "friens" es sutil).
Traducción: Él está entrenando con sus amigos.

We are going out together.
Pronunciación: Vui ar goin aut tu-ge-der (la d de "der" es la th vocalizada).
Traducción: Nosotros vamos a salir juntos.

They are ruining the party.
Pronunciación: Dei ar rui-nin de pa-ri (las d de "dei" y "de" es la th vocalizada. La i de "rui" es sutil).
Traducción: Ellos están arruinando la fiesta.

Abreviaciones

En el tiempo presente progresivo se abrevia el verbo to be, de la misma forma en que se abrevia siempre que este está conjugado en presente.

Palabras del Vocabulario

Palabra	Pronunciación	Traducción
Keyboard	Qui-bord (la d es la th vocalizada).	Teclado
Health	Jelz (la z es la th no vocalizada).	Salud
Sleep	Slip	Dormir
Before	Bi-for	Antes
Success	Suc-ses (la u se aproxima a la o).	Éxito
Truth	Truz (la z es la th no vocalizada).	Verdad
Understand	On-der-stand (la o se	Entender/ Entiende

	aproxima a la u, y la a se aproxima a la e).	
Failure	Fei-lur	Fracaso
Tool	Tul	Herramienta
Already	Al-re-di	Ya/ De por sí/ Hasta ahora
Lesson	Le-son	Lección
Hall	Jol	Salón
Clothes	Clouts	Ropa
Photographer	Fo-to-gra-fer	Fotógrafo/a
Hire	Jaier (la e es sutil).	Contratar
Return	Ri-torn	Retornar
Makeup	Meic-op	Maquillaje
Products	Pro-docts (la o de "docts" se aproxima a la u, y la t es la th vocalizada).	Productos
Idea	Ai-di-a	Idea
Monkey	Mon-qui	Mono
Computer	Com-piu-ter	Computadora
Mouse	Maus	Ratón
Dress code	Dres coud	Código de vestimenta
Just	Yost (la t es la th vocalizada).	Justo
Importance	Im-por-tans	Importancia
Guests	Guests	Invitados/ Huéspedes
Slice	Slais	Rebanada/ Rebanar
Old	Old (la d es la th vocalizada).	Viejo
Procrastination	Pro-cras-ti-nei-chon	Procrastinación
Tree	Tri	Árbol
Library	Lai-bra-ri	Biblioteca
Bank	Banc	Banco
Well	Vuel	Bien

Building	Bil-din	Construcción/ Construyendo/ Edificio
Ghost	Gost	Fantasma
Chair	Cheir	Silla
Horse	Jors	Caballo
Axe	Ax	Hacha
Short	Chort (la ch está suavizada y ligeramente arrastrada).	Corto/ Pequeño/ Pantalón corto
Exhibition	E-xi-bi-chion (la ch está suavizada y ligeramente arrastrada).	Exhibición
Wrong	Vruong (la g es sutil).	Incorrecto
Explanation	Ex-pla-nei-chon (la a de "pla" se aproxima a la e).	Explicación
Park	Parc	Parque/ Parquear/ Estacionar
Station	Stei-chon	Estación
Horror	Jo-rror	Horror
Imagine	I-ma-yin	Imagina
Free	Fri	Libre

Historia I (En Inglés) It's a Party! (¡Es una Fiesta!)

The party! I celebrated my nephew and niece's birthday. They were born on February 15th. Me and my aunt had the party already planned. We organized a big party. We contacted all the members of the family. There are 35 members in our family! We have a very large family. There are people of all age groups. We also invited my niece and nephew's friends. We reserved a party hall for them. We also kept a dress code. Respecting the party's dress code, we bought a dress for my niece and my nephew. They wore their clothes and came to the party hall. We wanted to give them a surprise. Everyone arrived on time. My niece and nephew liked our idea. We arranged Italian and Chinese food for dinner because my niece likes Italian cuisine and my nephew likes Chinese cuisine. Everyone in the party danced. The birthday kids cut a cake together. It was a chocolate cake! We hired a Photographer. She took a lot of photos. They received plenty of gifts. Me and my aunt prepared return gifts, which were given to the guests at the end of the party. The party started at 4 pm and ended at 10 pm. After the party, we went to our place as we live together in the same building. My nice and nephew started opening their gifts. They received many different things. I gave makeup products to my niece and a perfume to my nephew. They are adorable. I love them very much, and they love me too. After the party, my niece and nephew didn't want to sleep. So, we walked to the market. We ate ice cream together. We spoke about our future projects. After that, we went back home and finally fell asleep.

Historia I (En Castellano) ¡Es una Fiesta!

¡La fiesta! Yo celebré la fiesta de cumpleaños de mis sobrinos. Ellos nacieron el 15 de febrero. Mi tía y yo ya teníamos la fiesta planeada. Nosotras organizamos una gran fiesta. Contactamos a todos los miembros de la familia ¡Hay 35 miembros en nuestra familia! Nosotros tenemos una familia muy grande. Hay gente de todas las edades. Nosotras también invitamos a los amigos de mis sobrinos. Nosotras reservamos un salón de fiestas para ellos. Nosotras también establecimos un código de vestimenta. Respetando el código de vestimeta de la fiesta, compramos un vestido para mi sobrina y mi sobrino. Ellos usaron su ropa y vinieron al salón de fiestas. Nosotros queríamos darles una sorpresa. Todos llegaron a tiempo. A mis sobrinos les gustó la idea. Nosotros arreglamos que hubiera comida italiana y comida china para la cena porque a mi sobrina le gusta la comida italiana y a mi sobrino la comida china. Todos bailaron en la fiesta. Los cumpleañeros cortaron un pastel juntos ¡Era un pastel de chocolate! Nosotras contratamos a una fotógrafa. Ella tomó muchas fotos. Ellos recibieron bastantes regalos. Mi tía y yo preparamos cotillones de regalo, los cuáles fueron entregados a los invitados al final de la fiesta. La fiesta empezó a las 4 pm y terminó a las 10 pm. Después de la fiesta, nos fuimos a nuestra casa dado que vivimos juntos en el mismo edificio. Mis sobrinos empezaron a abrir sus regalos. Ellos recibieron muchas cosas distintas. Yo le regalé productos de maquillaje a mi sobrina y perfume a mi sobrino. Ellos son adorables. Yo los amo muchísimo, y ellos también me aman. Después de la fiesta, mis sobrinos no querían dormir. Entonces, caminamos hasta el mercado. Nosotros comimos helado juntos. Hablamos sobre nuestros proyectos futuros. Después de eso, volvimos a casa y finalmente nos quedamos dormidos.

Historia II (En Inglés) The Test (La Prueba)

A terrible day at school! I had a test today. I studied very much for my exam. My parents went to my cousin's wedding. However, I didn't go. I wanted to go but I decided to stay at my place. My parents danced all night. My parents sent me wedding photos. But still, I didn't go and instead decided to keep studying. I didn't sleep at all. I read all of my books. I wrote very much. I practiced by myself. I didn't play videogames. I wanted to pass the test with good grades. My friend came to my place at 10 pm. She ate her dinner at her place. We didn't talk at all. We studied every word and exchanged our notes. However, I fell asleep during my exam at school. Can you believe it? I slept during my test! I didn't complete my test. Moreover, I knew all the answers. Now I'm sure that I failed that test. I came home after school. I spoke with my mother. I told her the truth. She didn't scream at me. She explained many things. She taught me a lesson. She told me about the importance of sleeping well. She cooked me my favorite meals. Now, I've decided to sleep at night before my tests. Not just before exams, but it's important to sleep to be healthy. Now, I have an exam tomorrow. I have already studied. I will sleep the required hours, and I will succeed in my exam. I understand now the importance of sleep. Do you understand the importance of sleep?

Historia II (En Castellano) La Prueba

¡Un día terrible en la escuela! Yo tuve un examen hoy. Yo estudié mucho para mi examen. Mis padres se fueron a la boda de mi primo. Sin embargo, yo no fui. Yo quería ir pero decidí quedarme en mi casa. Mis padres bailaron toda la noche. Mis padres me enviaron fotografías de la boda. Sin embargo, yo no fui y decidí seguir estudiando en su lugar. Yo no dormí en lo absoluto. Yo leí todos mis libros. Yo escribí mucho. Yo practiqué por mi mismo. Yo no jugué videojuegos. Yo quería pasar la prueba con buenas notas. Mi amiga vino a mi casa a las 10 pm. Ella cenó en su casa. Nosotros no hablamos en lo absoluto. Estudiamos cada palabra e intercambiamos nuestras notas. Sin embargo, me quedé dormido en la escuela durante mi examen ¿Pueden creerlo? ¡Dormí durante mi examen! Yo no completé mi examen. Más que eso, yo sabía todas las respuestas. Ahora estoy seguro de que reprobé ese examen. Yo volví a casa después de la escuela. Yo hablé con mi madre. Yo le dije la verdad. Ella no me gritó. Ella me explicó muchas cosas. Ella me enseñó una lección. Ella me habló de la importancia de dormir bien. Ella me cocinó mis comidas favoritas. Ahora, he decidido dormir por las noches antes de mis pruebas. No sólo antes de los exámenes, si no que dormir es importante para estar saludable. Ahora tengo un examen mañana. Yo ya he estudiando. Yo voy a dormir las horas necesarias, y voy a tener éxito en mi examen. Ahora comprendo la importancia de dormir ¿Ustedes entienden la importancia de dormir?

Capítulo Cinco:

When Do We Meet? (¿Cúando Nos Encontramos?)

Cómo Hacer Planes

Cuando redactes una invitación puedes hacerle una propuesta a alguien, o puedes aceptar o rechazar la invitación. Vamos a aprender algunas expresiones que pueden ser utilizadas cuando estés invitando a alguien o respondiendo a una invitación.

To Propose: Proponer

Oración	Traducción	Formal/Informal
Would you dance with me?	¿Bailarías conmigo?	Formal
I propose we go to the movie theater.	Yo propongo que vayamos al cine.	Formal
Let me invite you to dinner.	Permíteme invitarte a una cena.	Formal
Do you want to go to New York with me?	¿Quieres ir a Nueva York conmigo?	Formal/Informal
Will you walk with me?	¿Caminarías conmigo?	Formal/Informal
Do you wish to go to the beach?	¿Quieres ir a la playa?	Formal/Informal
What do you say of Chinese food?	¿Qué dirías de comida china?	Informal
Let's watch a movie together.	Veamos una película juntos.	Informal

To Accept: Aceptar

Oración	Traducción	Formal/ Informal
Thank you for your invitation.	Gracias por tu invitación.	Formal.
I'd be delighted to.	Estaría encantado.	Formal
It would be my pleasure.	Sería un placer.	Formal
Yes	Sí	Formal/Informal
I'd like to	Me gustaría	Formal/Informal
Alright	De acuerdo	Informal
It's okay!	¡Está bien!	Informal

To Refuse: Rechazar

Oración	Traducción	Formal/Informal
I must refuse.	Debo rehusarme	Formal
I'm afraid I can't	Me temo que no puedo	Formal
I can't that day/ time/ hour	No puedo en ese día/ momento/ hora	Formal/Informal
Thank you for asking me but no	Gracias por preguntarme pero no	Formal/Informal
No way	De ninguna forma	Informal
I'm not free today	No estoy libre hoy	Informal

Carta de Invitación (Invitation Letter)

Tomaremos como ejemplo una carta de invitación hipotética.

Carta de Invitación en Inglés

Dear Michael/ Dear Peter/ Dear Martha

I hope this letter finds you well. As for me, I'm doing good on my own. It has been a long time since we last wrote to each other. What's new with your lives?

I want to meet you. We can go to a restaurant as we did earlier. A new restaurant will open around here next Saturday. I am going to the restaurant

"Entrepôtes" on Saturday. It is famous for its French cuisine. I'm aware that you love French cuisine, especially Martha. What do you think about coming? Also, they have a discount for students. Do not forget to bring your identity card. We could all eat together there. Are you free at 6 pm? If you're free, and if you wish, can we meet?

I'll be waiting for your answer!

Kisses

Aiko

Carta de Invitación en Castellano
Querido Michael/ Querido Peter/ Querida Martha

Espero que esta carta los halle bien. En cuanto a mi, me está yendo bien por mi misma. Ha pasado mucho tiempo desde la última vez que nos escribimos ¿Qué hay de nuevo en sus vidas?

Yo quiero reunirme con ustedes. Podemos irnos a un restaurante, como hicimos antes. El próximo sábado abrirá un nuevo restaurante cerca de aquí. Yo voy a ir al restaurante "Entrepôtes" el sábado. Es famoso por su comida francesa. Yo estoy consciente de que les encanta la comida francesa, especialmente Martha ¿Qué opinan de venir? Además, tienen un descuento para estudiantes. No se olviden de traer sus tarjetas de identificación. Todos podríamos comer ahí juntos ¿Están libres a las 6 pm? Si están libres, y si así lo desean ¿Nos podemos ver?

¡Estaré esperando sus respuestas!

Besos

Annie

Carta de Aceptación (Acceptance Letter)
Seguiremos el ejemplo con una carta de aceptación.

Carta de Aceptación en Inglés

Dear Aiko

Yes! I am also doing great! Thank you for inviting me. I like the plan of having dinner together. I will see you at 6 pm. Please send me the restaurant's addresss, I'll meet you there.

Hugs and kisses

Martha

Carta de Aceptación en Castellano

¡Sí! ¡A mi también me está yendo bien! Gracias por invitrme. Me gusta el plan de cenar juntos. Te veré a las 6 pm. Por favor envíame la dirección del restaurante, te veré allá.

Abrazos y besos

Martha

Carta de Rechazo (Refusal Letter)

Para culminar con el ejemplo, veremos una muestra de una carta de rechazo.

Carta de Rechazo en Inglés

Dear Aiko

I'm glad to see you're doing good. I'm also doing great, but I'm far too busy right now. Thank you for your invitation, but I must refuse. I need to travel to Canada for work.

If you're still free next weekend, can we go then? I would like to see you, all of you.

Have a nice day

Michael

Carta de Rechazo en Castellano
Querida Aiko

Me alegra ver que te va bien. A mi también me va genial, pero ahora mismo estoy demasiado ocupado. Gracias por tu invitación, pero he de rechazarla. Necesito viajar a Canada por trabajo.

Si sigues estando libre el fin de semana siguiente ¿Podríamos ir entonces? Me gustaría verte, a todos ustedes.

Te deseo un buen día

Michael

Interrogación (Interrogation)

Pronombres Relaivos (Relative Pronouns)
Los pronombres relativos son aquellos que se pueden utilizar para hacer referencia a sustantivos que han sido mencionados previamente. En inglés los pronombres relativos más comunes son which, whose, whoever, whomever, who, y whom.

Pronombre relativo	Pronunciación	Traducción
Which	Vuich	Qué/ Cuál
That	Dat (la d es la th vocalizada).	Eso/ Qué
Whose	Jus	Cuyo
Whoever	Ju-e-ver	Quienquiera que (Informal)
Whomever	Ju-me-ver	Quienquiera que (Formal)
Who	Ju	El cual
Whom	Jum	A quien

Explicamos los pronombres relativos en este apartado del libro porque varias de las siguientes palabras interrogativas también pueden ser usadas como pronombres relativos. En concreto, las palabras relativas que se utilizan son what, when, y where.

What: (Qué)

Pregunta	Pronunciación	Traducción
What is your address?	Vuat is yiur a-dres	¿Cuál es tu dirección?
What type of food do you like?	Vuat aip of fuud du yiu laik	¿Qué tipo de comida te gusta?
What is going on?	Vuat is goin on	¿Qué está ocurriendo?
What do you like to drink?	Vuat du yiu laik tu drinc	¿Qué te gusta beber?
What is her age?	Vuat is jer eich	¿Cuál es su edad?
What is the name of your cat?	Vuat is de neim of yiur cat (la d es la th vocalizada).	¿Cuál es el nombre de tu gato?

Ejemplos de What Como Pronombre Relativo

I was cleaning my room, that is what I was doing.
Pronunciación: Ai vuas cli-nin mai ruum dat is vuat ai vuas duin (la d de "dat" es la th vocalizada).
Traducción: Yo estaba limpiando mi habitación, eso es lo que estaba haciendo.

That is a pizza, it is what you will be having for dinner.
Pronunciación: Dat is ei pi-sa it is vuat yiu vuil bi ja-vin for di-ner (la d de "dat" es la th vocalizada).
Traducción: Esa es una pizza, es lo que tendrán para la cena.

I saw your text, so that is what was bothering you.
Pronunciación: Ai sou yiur text so dat is vuat vuas bo-de-ring yiu (la u de "sou" es sutil. Las d de "dat" y "de" son la th vocalizada).
Traducción: Yo vi tu mensaje, entonces eso es lo que te estaaba molestando.

Where: (Dónde)

Pregunta	Pronunciación	Traducción
Where are you going?	Vuer ar yiu goin	¿A dónde vas/n?
Where are you?	Vuer ar yiu	¿Dónde estás?
Where is the party?	Vuer is de pa-ri (la d es la th vocalizada).	¿Dónde es la fiesta?
Where is your restroom	Vuer is yiur rest-uum (la t es la th vocalizada).	¿Dónde está tu baño?
Where is Annie?	Vuer is a-ni	¿Dónde está Annie?
Where do you work?	Vuer du yiu vuorc	¿En dónde trabajas?
Where do you live?	Vuer du yiu liv	¿En dónde vives?

Ejemplos de Where Como Pronombre Relativo

I saw your house, so that's where you live.

Pronunciación: Ai sou yiur jaus so dats vuer yiu liv (la u de "sou" es sutil, y la d de "dats" es la th vocalizada).

Traducción: Yo vi tu casa, así que ahí es donde vives.

The fire started at the farm, so that's where we went.

Pronunciación: De faier sta-red at de farm so dats vuer vui vuent (las d de "de" y "dats" son la th vocalizada).

Traducción: El incendio empezó en la granja, así que ahí es donde fuimos.

She loves the museum. It's where you'll find her most of the time.

Pronunciación: Chi loves de miu-si-om its vuer yiul faind jer most of de taim (la ch está suavizada y ligeramente arrastrada. La o de "om" se aproxima a una u. Las d de "de" y "find" son la th vocalizada).

Traducción: A ella le encanta el museo. Ahí es donde la encontrarás la mayoría del tiempo.

Why: (Por Qué)

Pregunta	Pronunciación	Traducción
Why are you doing that?	Vuai ar yiu duin dat (la d de "dat" es la th vocalizada).	¿Por qué estás haciendo eso?

Why don't you come see me?	Vuai dont yiu com sii mi	¿Por qué no vienes a verme?
Why is this so spicy?	Vuai is dis so spaisi (la d es la th vocalizada).	¿Por qué esto es tan picante?
Why are they losing the game?	Vuai ar dei lu-sing de gueim (las d de "dei" y "de" son la th vocalizada, y la g de "sing" es sutil).	¿Por qué están perdiendo el juego?
Why is this so expensive?	Vuai is dis so ex-pen-siv (la d de "dis" es la th vocalizada).	¿Por qué esto es tan costoso?
Why don't we take a break?	Vuai dont vui teic a breic	¿Por qué no nos tomamos un descanso?

How: (Cómo)

Pregunta	Pronunciación	Traducción
How are you?	Jau ar yiu	¿Cómo estás?
How do you play this song?	Jau du yiu plei dis song (la d de "dis" es la th vocalizada, y la g de "song" es sutil).	¿Cómo tocas esta canción?
How are you going to buy this?	Jau ar yiu goin tu bai dis (la d de "dis" es la th vocalizada).	¿Cómo vas a comprar esto?
How can I think in English?	Jau can ai zinc in in-glich (la z de "zinc" es la th no vocalizada, y la ch está suavizada y ligeramente arrastrada).	¿Cómo puedo pensar en inglés?
How was your day?	Jau vuas yiur dei	¿Cómo estuvo tu día?
How do I get to the airport?	Jau du yiu get tu di eir-port (la d de "di" y la t de "port" es la th vocalizada).	¿Cómo llegas al aeropuerto?

When: (Cuándo)

Pregunta	Pronunciación	Traducción
When is your play?	Vuen is yiur plei	¿Cuándo es tu obra?
When are we going to dinner?	Vuen ar vui goin tu di-ner	¿Cuándo vamos a ir a cenar?
When is the concert?	Vuen is de con-sert (la d de "de" y la t de "sert" es la th vocalizada).	¿Cuándo es el concierto?
When are you coming?	Vuen ar yiu co-min	¿Cuándo van a venir?
When does the party start?	Vuen dos de pa-ri start (la d de "de" y la t de "start" es la th vocalizada).	¿Cuándo empieza la fiesta?
When do you think she'll be there?	Vuen du yiu zinc chil bi der (la z de "zinc" es la th no vocalizada, y la d es la "ddder" es la th vocalizada).	¿Cuándo crees que ella estará ahí?

Ejemplos de When Como Pronombre Relativo

Once you have the money, that's when you'll buy it.

Pronunciación: Uans yiu jav de mo-ni dats vuen yiul bai it (las d de "de" y "dats" son la th vocalizada).

Traducción: Una vez tengas el dinero, entonces es cuando lo vas a comprar.

After I study, that's when I'll sleep.

Pronunciación: Af-ter ai sto-di dats vuen ail slip (la d de "dats" es la th vocalizada).

Traducción: Después de que estudie, entonces es cuando dormiré.

My birthday is when I eat cake.

Mai birz-dei is vuen ai it queic (la z de "birz" es la th no vocalizada).

Who: (Quién)

Pregunta	Pronunciación	Traducción
Who are you talking to?	Ju ar yiu tol-quin tu (la o de "tol" se aproxima a la a).	¿Con quién estás hablando?
Who are you?	Ju ar yiu	¿Quién eres tú?
Who is the teacher?	Ju is de ti-cher (la d de "de" es a th vocalizada).	¿Quién es el profesor?
Who is the girl in the red dress?	Ju is de gerl un de red dres (la e de "gerl" se aproxima a una i).	¿Quién es la chica con el vestido rojo?
Who cooked dinner?	Ju cooct di-ner (la t es la th vocalizada).	¿Quién cocinó la cena?
Who is coming tonight?	Ju is co-min tu-nait (la t de "nait" es la th vocalizada).	¿Quièn va a venir esta noche?

Ejemplos de Who Como Pronombre Relativo

That's the boss over there. She's the one who you'll report to.

Pronunciación: Dats de bos ou-ver der chis de uan ju yiul ri-port tu (la o de "bos" se aproxima a una a. La ch está suavizada y ligeramente arrastrada. La u de "ou" es sutil.

Traducción: Ésa es la jefa por allá. Ella es con quien te vas a reportar.

Ethan is the artist who painted our wall.

Pronunciación: I-zan is di ar-tist ju pein-ted aur vual (la z es la th no vocalizada. La d de "di" es la th vocalizada. La t de "ted" es sutil).

Traducción: Ethan es el artista quien pintó nuestro muro.

Gabe is the plumber who repaired our sink.

Pronunciación: Gueib is de plom-ber ju ri-peird aur sinc (las d de "de" y "peird" son la th vocalizada. La o de "plom" se aproxima a la u).

131

What Time: (A Qué Hora)

Pregunta	Pronunciación	Traducción
What time will be the movie?	Vuat taim vuil bi de mu-vi (la d de "de" es la th vocalizada).	¿A qué hora será la película?
What time will he get here?	Vuat taim vuil ji get jir	¿A qué hora llegará él?
What time will we eat?	Vuat taim vuil vui it	¿A qué hora comeremos?
What time did you fall asleep?	Vuat taim did yiu fol as-lip (la o de "fol" se aproxima a una a).	¿A qué hora te dormiste?
What time will the train leave?	Vuat taim vuil de trein liiv	¿A qué hora partirà el tren?
What time are you coming?	Vuat taim ar yiu co-min	¿A què hora vienes?

How Many/How Much: (Cuánto)

Pregunta	Pronunciaciòn	Traducciòn
How many apples do you need for a pie?	Jau me-ni a-pols du yiu nid for ei pai	¿Cuántas manzanas necesitas para una tarta?
How much for that coat?	Jau moch for dat cout (la d es la th vocalizada)	¿Cuánto pore se abrigo?
How many people will be there?	Jau me-ni pi-pol vuil bi der (la d es la th vocalizada).	¿Cuánta gente habrá ahí?
How much did you eat?	Jau moch did yiu it	¿Cuánto comiste?
How much money do you need?	Jau moch mo-ni du yiu nid	¿Cuánto dinero necesitas?
How many brothers do you have?	Jau me-ni bro-ders du yiu jav (la d de "ders" es la th vocalizada).	¿Cuántos hermanos tienes?

Cómo Hacer una Cita (How to Make an Appointment)

Vamos a ver algunas expresiones, tanto preguntas como respuestas, que pueden ser utilizadas en una conversación donde se busque agendar una cita.

Expresión	Pronunciación	Traducción
I would like to make an appointment with Miss Jane.	Ai vould laik tu meic an a-point-ment vuiz mis yein (La i de "point" es sutil. Las t de "point" y "ment" son la th vocalizada. La z de "vuiz" es la th no vocalizada).	Me gustaría agendar una cita con la señorita Jane.
Which day?	Vuich dei	¿Cuál día?
At what time?	At vuat taim	¿A qué hora?
I agree	Ai a-grii	Yo estoy de acuerdo.
Does that day work for you?	Dos dat dei vuorc for yiu (la d de "dat" es la th vocalizada).	¿Ese día funciona para ti?
Friday at eight o clock, is that alright?	Frai-dei at eigt o cloc is dat al-raigt (la g de "raigt" es sutil. La t de "raigt" y la d de "dat" son la th vocalizada).	Viernes a las ocho en punto ¿Eso te parece bien?
I can not, I'm busy that day.	Ai can not aim biu-si dat dei (la u de "biu" es sutil).	Yo no puedo, ese día estoy ocupado/a.
Can we meet next Friday?	Can vui miit next frai-dei	¿Nos podemos reunir el próximo viernes?

Conversación de Ejemplo:
English:

MD's secretary: Good morning, this is Doctor Crawford's medical practice, how may I help you?

Patient: Good morning. I'd like to set an appointment with Dr Crawford.

133

MD's secretary: Very well, which day would you like to come?

Patient: Anywhere around next Monday works.

MD's secretary: Doctor Crawford will be free next Monday from 9:00 am to 10:00 am and from 3:00 pm to 4:00 pm. Does that work for you?

Patient: I can make Monday at 9:00 am work.

MD's secretary: Excellent. Could you tell me yor name please?

Patient: My name is Phil Oxford.

MD's secretary: I'll write Phil Oxford for next Monday at 9:00 am. Can you confirm that appointment?

Patient: Yes, I'll be there at 9:00 am.

MD's Secretary: Excellent. We'll be waiting for you Mr. Oxford, have a nice day.

Patient: Thank you.

Castellano:

Secretaria del Doctor: Buenos dias, esta es la consulta médica del Doctor Crawford ¿Cómo puedo ayudarle?

Paciente: Buenos días. Me gustaría agendar una cita con el Doctor Crawford.

Secretaria del Doctor: Muy bien ¿Qué día le gustaría venir?

Paciente: En cualquier momento alrededor del próximo lunes me funciona.

Secretaria del Doctor: El Doctor Crawford estará libre el próximo lunes de 9:00 am a 10:00 am, y de 3:00 pm a 4:00 pm ¿Esto le funciona?

Paciente: Puedo hacer que el lunes a las 9:00 am me funcione.

Secretaria del Doctor: Excelente ¿Podría decirme su nombre por favor?

Paciente: Mi nombre es Phil Oxford.

Secretaria del Doctor: Voy a anotar a Phil Oxford para el siguiente lunes a las 9:00 am ¿Me puede confirmar esa cita?

Paciente: Sí, estaré ahí a las 9:00 am.

Secretaria del Doctor: Excelente. Estaremos esperando por usted Señor Oxford, que tenga un buen día.

Paciente: Gracias, hasta luego.

Hora (Oficial/No Oficial) / Time (Official/Unofficial)
Para preguntarle la hora a alguien.

Frase	Pronunciación	Traducción	Formal/Informal
Could you give me the time?	Culd yiu giv mi de taim (la d de "de" es la th vocalizada).	¿Podría darme la hora?	Formal
What time is it?	Vuat taim is it	¿Qué hora es?	Formal/Informal

Hora Militar:

La hora militar se expresa en un formato de 24 horas. En este caso, la hora se escribe (y se expresa verbalmente) como el número que forman los cuatro dígitos que la representan. Es decir, si son las cuatro de la mañana, se dice en inglés "las cuatroscientas horas", mientras que si son las 4 de la tarde, se habla de "las mil seiscientas horas".

Repasando lo expuesto en el primer capítulo sobre los números en inglés, los números de cuatro cifras se pueden expresar como los primeros dos dígitos en decenas + cientos. Es decir, en lugar de decir "one thousand and six hundred" para expresar 1600, también se puede decir "sixteen hundred". Esto es especialmente verdad cuando se expresa la hora militar en inglés. Siempre se elegirá la segunda forma de expresar los números por encima de la primera.

Esto aplica siempre que se expresen las horas, sin los minutos. Si la hora son las 16:30 (las 4:30 pm), se desecha el "hundred" y en su lugar se expresan los números de los minutos.

Ejemplos:

- 14:00h: It's fourteen hundred hours (Son las mil cuatroscientas horas).
- 20:00h: It's twenty hundred hours (Son las dos mil horas).
- 13:30h: It's thirteen thirty hours (Son las mil trescientas treinta horas).
- 00:25h: Its zero zero twenty five hours (Son las cero cero con veinticinco horas).
- 07:00h: It's zero seven hundred hours (Son las cero setecientas horas).

135

Hora Casual:

La hora casual, que viene a ser el tipo de hora que sigue el patrón de 12 horas, es la más comunmente usada entre los angloparlantes. Se expresa diciendo los números de la hora y los números de los minutos, ya sea que se inicie con las horas o con los minutos. Cuando se habla de la hora exacta sin minutos se dice la hora "en punto" (o'clock); de manera tal que las 5:00 pm son las five o'clock PM, por ejemplo.

Ejemplos de Horas Primero:

- 6:00 AM: Six o'clock AM.
- 4:45 PM: Four forty-five PM.
- 1:20 PM: One twenty PM.
- 3:30 AM: Three thirty AM.
- 11:37 AM: Eleven thirty-seven AM.

Ejemplos de Minutos Primero:

Cuando se hable diciendo los minutos primero siempre se va a decir cuántos minutos van pasados de la ora mencionada, cuando los minutos sean treinta o menos, y cuántos minutos faltan para la siguiente hora, cuando sean más de treinta minnutos en la hora previa. En este tipo de forma de expresión de hora, quince minutos se dicen un cuarto "a quarter", y treinta se dicen mitad "half". Las expresiones "noon" (mediodía), y midnight (medianoche) también se usan en el inglés y se pueden mezclar con este tipo de notación horaria.

- 4:25 PM: Twenty-five minutes past four PM.
- 5:50 AM: Fifty minutes to five AM.
- 3:30 PM: Half past three PM.
- 8:45 PM: A quarter to nine PM.
- 11:50 AM: Ten minutes to noon.
- 00:05 AM: Five minutes past midnight.

Momentos del Día:

Momento del día	Pronunciación	Traducción

Morning	Mour-nin (la u es sutil).	Mañana
Noon	Nuun	Mediodía
Afternoon	Af-ter-nuun	Tarde (temprana).
Evening	Iv-nin	Tarde (tardía)/ noche (temprana)/ noche (en saludos).
Night	Nait (la t es la th vocalizada).	Noche (tardía)/ noche (en despedidas).
Midnight	Mid-nait (la t es la th vocalizada).	Medianoche

Palabras del Vocabulario

Palabra	Pronunciación	Traducción
Ache	Eich	Dolor
Pain	Pein	Dolor
Backache	Bac-eich	Dolor de espalda
Headache	Jed-eich	Dolor de cabeza
Stomachache	Sto-ma-queich	Dolor de estómago
Fever	Fi-ver	Fiebre
Cough	Coj	Tos
Christmas	Crist-mas (la t es la th vocalizada).	Navidad
Manager	Ma-na-yer	Gerente
Balance	Ba-lans	Balance
Between	Bi-tuin	Entre
Dream	Drim	Sueño
Private	Prai-veit	Privado
Degree	Di-grii	Grado/ Título
Period	Pi-riod	Periodo/ Punto
Successful	Soc-ses-fol (ambas o se aproximan a una u).	Exitoso
Rent	Rent (la t es la th vocalizada).	Renta

Quick	Cuic	Rápido
Quiet	Cuaiet	Silencioso
Text	Text (la segunda t es la th vocalizada).	Texto
Station	Stei-chon	Estación
Nice	Nais	Agradable
Memory	Me-mo-ri	Memoria
Late	Leit	Tarde
Surprise	Sor-prais (la o se aproxima a una u).	Sorpresa
Athletic	A-zle-tic (la z es la th no vocalizada).	Atlético
Blackboard	Blac-bord (la d es la th vocalizada).	Pizarrón
Painting	Pein-ting (la t y la g son sutiles).	Pintura/ Pintando
If	If	Si (en sentido de "aún si").
Appear	A-pir	Aparecer/ Parecer
Sensation	Sen-sei-chon	Sensación
Drive	Draiv	Manejar
Cross	Cros	Cruz/ Cruzar
Fast	Fast	Rápido
Fill	Fil	Llenar
Paper	Peiper	Papel/ Escrito
Passport	Pas-port (la t es la th vocalizada).	Pasaporte
Wall	Vual	Muro
Show	Chou (la ch está suavizada y ligeramente arrastrada).	Mostrar/ Espectáculo
Multiply	Mol-ti-plai (la o se aproxima a una u).	Multiplicar
Offer	O-fer	Oferta

Forbidden	For-bi-den	Prohibido
Question	Cues-tion	Pregunta
Fat	Fat	Grasa/ Gordo
Best friend	Best friend (la i es sutil).	Mejor amigo
Comfortable	Com-for-ta-bol	Cómodo
Hairdresser	Jer-dre-ser	Peluquero
Courage	Cou-rach (la u es sutil).	Coraje/ Valentía.

Historia I (En Inglés) It's Christmas (Es Navidad)

It's Christmas time! It's my favorite time of the year. It's a time when all people are happy. People buy gifts for each other. Sellers are happy because they make a lot of money. Everyone celebrates Christmas. All te family members get together. It is a rare event because everyone is usually busy with work. It's the festival of togetherness. Every year, everyone make the time to meet their families. I love Christmas. Last year, on Christmas Eve, me and my family went to celebrate to New York. We rented an apartment for a week. There are six members in my family: my father, my mother, my brother, my sister-in-law, my niece, and me. We talked and danced all night. We prepared food together. We went shopping. We visited many different places. We tried new dishes. We lived together for a whole week. We love each other. For this year, we are going to stay together only on Christmas Eve because my brother will be busy at work. We will give gifts to each other. I'm going to cook dinner with my mother. I love being with my family. What is your favorite festival and why do you like it so much? What are you doing to celebrate your favorite festival?

Historia I (En Castellano) Es Navidad

¡Es la época navideña! Es mi época favorita del año. Es una época en la que todos están felices. La gente se compra regalos los unos a los otros. Los vendedores están felices porque ganan mucho dinero. Todo el mundo celebra la navidad. Todos los miembros de la familia se reúnen. Es un evento singular porque todo el mundo usualmente está ocupado con el trabajo. Es el festival de la unión. Cada año, todos consiguen el tiempo para reunirse con sus familias. Yo amo la navidad. El año pasado, en la víspera de navidad, mi familia y yo fuimos a celebrar a Nueva York. Nosotros alquilamos un apartamento por una semana. Hay seis miembros en mi familia: Mi padre, mi madre, mi hermano, mi cuñada, mi sobrina, y yo. Nosotros hablamos y bailamos toda la noche. Nosotros preparamos comida juntos. Nosotros nos fuimos de compras. Visitamos varios lugares distintos. Probamos nuevos platillos de comida. Nosotros vivimos juntos por toda una semana. Nos amamos mutuamente. Para este año sólo estaremos juntos durante la víspera de navidad porque mi hermano va a estar ocupado en su trabajo. Nos daremos regalos los unos a los otros. Yo voy a cocinar la cena con mi madre. Yo amo estar con mi familia ¿Cuál es tu festival favorito y por qué te gusta tanto? ¿Qué haces para celebrar tu festival favorito?

Historia II (En Inglés) Her Professional Life (Su Vida Profesional)

Her office is her favorite place! Are you sure about that? Is it really her office? Can the office be your favorite place? But she likes her office. She spends most of her day in the office. Se keeps her office in order. She keeps a photograph of God and a photograph of her family in there. It's more than just a room for her, its like a door to a successful life. She's hard-working. She does everything by herself. She has lived alone for three years. She started working two years ago. When she started her professional life, she didn't have her own office. She wanted her own office. Right after she got her degree, she got a job in a big company as a computer scientist. She put in a lot of effort. Last year, she got a promotion; now she's the manager of a big company. She understands the importance of balancing a professional and personal life. She meets with her friends over the weekend. She dreams about traveling. She is a dreamer. She is an idol for the young people in her family. How do you spend your time? What is your favorite activity? Who is your inspiration?

Historia II (En Castellano) Su Vida Profesional

¡Su oficina es su lugar favorito! ¿Estás seguro de eso? ¿Realmente es su oficina? ¿La oficina puede ser tu lugar favorito? Pero a ella le gusta su oficina. Ella pasa la mayoría de su día en la oficina. Ella mantiene su oficina en orden. Ella mantiene una fotografía de Dios y una de su familia ahí. Es más que sólo una habitación para ella, es como un portal hacia una vida exitosa. Ella es muy trabajadora. Ella hace todo por si misma. Ella ha vivido sola por tres años. Ella empezó a trabajar hace dos años. Cuando ella empezó en su vida profesional, ella no tenía su propia oficina. Ella quería tener su propia oficina. Justo después de que recibió su título, consiguió un trabajo en una gran compañía como especialista en informática. Ella se esforzó mucho. El año pasado fue ascendida; ahora es la gerente de una gran compañía. Ella comprende la improtancia de balancear una vida profesional y personal. Ella se reúne con sus amigos por el fin de semana. Ella sueña sobre viajar. Ella es una soñadora. Ella es una ídolo para la gente joven de su familia ¿Cómo pasas tú tu tiempo? ¿Cuál es tu actividad favorita? ¿Quién es tu inspiración?

Capítulo Seis:

Good Idea (Buena Idea)

Los Adjetivos (The Adjectives)

Adjetivo	Pronunciación	Traducción
Adorable	A-do-ra-bol	Adorable
Clear	Cliar	Claro
Charming	Char-min	Encantador
Intelligent	In-te-li-yent	Inteligente
Stupid	Stiu-pid	Estúpido
Weird	Vuird	Extraño
High	Jaigt (la t es la th vocalizada).	Elevado/ Alto
Low	Lou	Deprimido/ Bajo
Different	Di-fe-rent (la t es la th vocalizada).	Diferente
Amusing	A-miu-sing	Gracioso/ Divertido
Popular	Po-piu-lar	Popular
Tiresome	Tai-re-som	Cansón
Null	Nol (la o se aproxima a una u).	Nulo/ Inválido
Excellent	Ex-se-lent (la t es la th vocalizada).	Excelente
Serious	Si-rius	Serio
Thick	Zic (la z es la th no vocalizada).	Grueso
Funny	Fo-ni (la o se aproima a una u).	Divertido
Corny	Cor-ni	Cursi
Bad	Bad	Malo

Beautiful	Biu-ti-fol (la o se aproxima a una u).	Hermoso
Ugly	O-gli (la o se aproxima a una u).	Feo
Pretty	Pre-ti	Bonito
Sad	Sad	Triste
Cheerful	Chir-fol	Alegre/ Jovial
Thin	Zin (la z es la th no vocalizada).	Delgado
Fat	Fat	Gordo
Small	Smol	Pequeño
Tall	Tol (la o se aproxima a una a).	Alto
Kind	Caind (la d es la th vocalizada).	Amable
Weak	Vuic	Débil
Strong	Strong (la g es sutil).	Fuerte
Naughty	Naug-ti (la g es sutil).	Travieso
Young	Yong (la g es sutil).	Joven
Good	Gud	Bueno
Old	Old	Viejo
New	Niu	Nuevo
Despicable	Des-pi-ca-bol	Despreciable
Satisfactory	Sa-tis-fac-to-ri	Satisfactorio
Unsatisfactory	On-sa-tis-fac-to-ri (la o se aproxima a una u).	Insatisfactorio.

Los Colores (The Colors)

Color	Pronunciación	Traducción
Orange	O-ranch	Anaranjado
Red	Red	Rojo
Pink	Pinc	Rosado
Blue	Blu	Azul

Green	Griin	Verde
Yellow	Ye-lou (la u es sutil).	Amarillo
White	Vuait	Blanco
Grey	Grei	Gris
Black	Blac	Negro
Brown	Braun	Marrón
Violet	Vaio-let	Violeta

Las Temporadas (The Seasons)

Temporada	Pronunciación	Traducción
Spring	Spring (la g es sutil).	Primavera
Summer	So-mer	Verano
Autumn	O-tum	Otoño (versión más formal, más común en Inglaterra).
Fall	Fol (la o se aproxima a una a).	Otoño (menos formal, más común en EEUU).
Winter	Vuin-ter	Invierno

Cómo Expresar un Punto de Vista (How to Express one Point of View)

Los verbos más utilizados para expresar puntos de vista son el verbo believe "creo" y el verbo think "pienso).

I Believe (Yo Creo)

I believe	Yo creo
You believe	Tú crees/Ustedes creen
She believes	Ella cree
He believes	Él cree
It believes	Eso cree
We believe	Nosotros creemos
They believe	Ellos creen

I Think (Yo Pienso)

I think	Yo pienso
You think	Tú piensas/ Ustedes piensan
She thinks	Ella piensa
He thinks	Él piensa
It believes	Eso piensa
We believe	Nosotros pensamos
They believe	Ellos piensan

Expresiones de Ejemplo

Veremos ejemplos de frases usadas para expresar un punto de vista.

Expresión	Pronunciación	Traducción
I think that we should recycle more.	Ai zinc dat vui chuld re-sai-col mor (la d de "dat" es la th vocalizada, y la z es la th no vocalizada. La ch está suavizada y ligeramente arrastrada).	Yo creo que deberíamos reciclar más.
I believe in God.	Ai bi-liv in god	Yo creo en Dios
According to me, the movie was great.	A-cor-din tu mi de mu-vi vuas greit (la d de "de" es la th vocalizada).	De acuerdo conmigo, la película fue genial.
In my opinion, kids should stay out of Facebook.	In mai o-pi-nion quids chuld stei aut of feis-buc (la ch está suavizada y ligeramente arrastrada).	En mi opinión, los niños deberían mantenerse fuera de Facebook.
I find that everything is a political statement.	Ai faind dat e-vri-zing is ei po-li-ti-col steit-ment (La o de "col" es aproxima a una a. Las d de "find" y "dat", así como la t de "ment" son la th vocalizada).	Encuentro que todo es una declaración política.

145

Palabras de Vocabulario de Comida (Food Vocabulary Words)

Artículo de comida	Pronunciación	Traducción
Milk	Milc	Leche
Butter	Bo-ter (la o se aproima a una u).	Mantequilla
Cheese	Chiis	Queso
Yogurt	Yo-gort (la o de "gort" se aproxima a una u).	Yogurt
Whipped cream	Vuipd crim (la d es la th vocalizada).	Crema batida
Ice	Ais	Hielo
Ice cream	Ais crim	Helado
Jam	Jam	Jamón
Chicken	Chi-quen	Pollo
Beef	Biif	Carne de res
Calf	Colf (la o se aproxima a una a).	Becerro
Lamb	Lamb	Cordero
Pork	Porc	Cerdo
Eggs	Egs	Huevos
Fish	Fich (la ch está suavizada y ligeramente arrastrada).	Pescado
Snails	Sneils	Caracoles
Rabbit	Ra-bit	Conejo
Mutton	Mu-ton (la u se aproxima a una o).	Cordero
Goat	Gout	Cabra
Bread	Bred	Pan
Croissant	Croi-sant	Croissant
Pasta	Pas-ta	Pasta
Rice	Rais	Arroz
Sugar	Su-gar	Azúcar

Chocolate	Cho-co-leit	Chocolate
Cake	Queic	Pastel
Sweets	Suiits (la t es la th vocalizada).	Dulces
Potato	Po-tei-to (la t de "to" es sutil).	Patata
Beans	Bins	Frijoles
Cabbage	Ca-bach	Repollo
Peas	Pis	Guisantes
Tomato	To-mei-to	Tomate
Salad	Sa-lad	Ensalada
Carrot	Ca-rrot	Zanahoria
Mushrooms	Much-rums (la ch está suavizada y ligeramente arrastrada).	Hongos/ Setas/ Champiñones
Onion	O-nion	Cebolla
Mustard	Mos-tard (la o se aproxima a una u).	Mostaza
Eggplant	Eg-plant (la t es la th vocalizada).	Berenjena
Fruits	Fruts	Frutas
Orange	O-ranch	Naranja
Banana	Ba-na-na	Banana
Apple	A-pol	Manzana
Pear	Per	Pera
Grape	Greip	Uva
Melon	Me-lon	Melón
Watermelon	Vuo-ter-me-lon (la o de "vuo" se aproxima a una a).	Sandía
Strawberries	Stro-be-rris (la o se aproxima a una a).	Fresas
Cherries	Che-rris	Cerezas
Lemon	Le-mon	Limón

Drinks	Drincs	Bebidas/ Tragos
Water	Vuo-ter (la o se aproxima a una a).	Agua
Mineral water	Mi-ne-ral vuo-ter	Agua mineral
Red wine	Red vuain	Vino tinto
White wine	Vuait vuain	Vino blanco
Beer	Biir	Cerveza
Champagne	Champ-pagn (la g es sutil).	Champaña
Juice	Yus	Jugo
Salt	Solt (la o se aproxima a una a, y la t es la th vocalizada).	Sal
Pepper	Pe-per	Pimienta
Oil	Oil (la i es sutil).	Aceite
Vinegar	Vi-ne-gar	Vinagre

Palabras de Vocabulario para Vajilla y Cubiertos (Vocabulary Words for Cutlery)

Artículo	Pronunciación	Traducción
The Table	De tei-bol (la d es la th vocalizada).	La mesa
A Plate	Ei pelit	Un plato
A Glass	Ei glas	Un vaso
A Fork	Ei forc	Un tenedor
A Spoon	Ei spun	Una cuchara
A knife	Ei naif	Un cuchillo
A cup	Ei cop (la o se aproxima a una u).	Una taza

Para Apreciar Comida (To Appreciate the Food)

A continuación tendremos frases utilizadas frecuentemente para opinar sobre la comida.

148

Frase	Pronunciación	Traducción
This is delicious.	Dis is de-li-chious (la ch está suavizada y ligeramente arrastrada, y la u es sutil).	Esto está delicioso.
This has a great taste.	Dis jas a greit teist.	Esto tiene un muy buen sabor.
I love the texture of this.	Ai lov de tex-tiur of dis (las d de "de" y "dis" son la th vocalizada).	Me encanta la textura de esto.
This is so good.	Dis is so guud (la d de "dis" es la th vocalizada).	Esto está muy bueno.
This tastes bad.	Dis teists bad (la d de "dis" y la segunda t de "teists" son la th vocalizada).	Esto sabe mal.
I don't like this.	Ai dont laik dis (la d de "dis" es la th vocalizada).	A mi no me gusta esto.

La Negación (The Negation)

Para redactar oraciones negativas en inglés, la forma principal y gramatical de hacerlo es agregar la negación "not" posterior al verbo auxiliar en la oración. Esto aplica para todos los tiempos verbales, a excepción del presente simple y el pasado simple, quienes no tienen verbos auxiliares en sus estructuras básicas respectivas. En estos casos se agrega el verbo to do como verbo auxiliar, sucedido por la negación, y conjugado en presente o pasado dependiendo de si se trata del presente simple o pasado simple.

Tiempo verbal	Negación	Ejemplo	Traducción del ejemplo
Presente simple	Se añade el verbo to do conjugado en presente, sucedido de la	I don't eat carrots.	Yo no como zanahorias.

	negación not. El verbo to do tiende a ser abreviado con la negación.		
Presente progresivo	Se añade la negación al verbo to be conjugado en presente. La abreviación tiende a ocurrir entre el sujeto y el verbo to be.	You're not going to the party.	Tú no irás a la fiesta.
Presente perfecto	Se añade la negación al verbo to have conjugado en presente. El verbo to have tiende a abreviarse con la negación.	We haven't finished our meals yet.	Nosotros no nos hemos terminado nuestras comidas aún.
Pasado simple	Se añade el verbo to do conjugado en pasado, sucedido de la negación not. El verbo to do tiende a ser abreviado con la negación.	I didn't order this meal.	Yo no ordené esta comida.
Pasado progresivo	Se añade la negación al verbo to be conjugado en pasado. La	She wasn't running today.	Ella no estaba corriendo hoy.

	abreviación tiende a ocurrir entre el verbo to be y la negación.		
Pasado perfecto	La negación se agrega al verbo to have conjugado en pasado. La abreviación ocurre entre el verbo to have y la negación.	I hadn't seen you in a while.	Yo no te había visto desde hace algún tiempo.
Futuro simple	La negación sucede al verbo modal will. Ambas palabras tienden a abreviarse juntas.	She won't work with you.	Ella no va a trabajar contigo.
Futuro progresivo	La negación aparece luego del verbo modal will. Ambas palabras tienden a abreviarse juntas.	I won't be traveling anywhere this year.	Yo no estaré viajando a ningún lugar este año.
Futuro perfecto	La negación sucede al verbo modal will, y se abrevia con él.	She won't have earned enough money if she keeps working like this.	Ella no habrá ganado suficiente dinero si continua trabajando como está.

Palabras del Vocabulario

Palabra	Pronunciación	Significado
Waste	Vueist	Desperdicio
Design	Di-saign (la g es sutil)	Diseño

Nest	Nest	Nido
Reimbursement	Reim-burs-ment (la u se aproxima a una o, y la t es la th vocalizada).	Reembolso
Loan	Loan (la a es sutil).	Préstamo
Till	Til	Cultivar
Need	Niid	Necesidad
Wise	Vuais	Sabio
Millionaire	Mi-lio-neir	Millonario
Long	Long (la g es sutil).	Largo
Line	Lain	Línea
Wake up	Vueic op (la o se aproxima a una u).	Despertar
Shopping center	Cho-ping cen-ter (la ch está suavizada y ligeramente arrastrada, y la g es sutil).	Centro comercial
Winner	Vui-ner	Ganador
Obtain	Ob-tein	Obtener
Wear	Vuear (la a es sutil).	Usar (r0pa)/ Desgaste
Continue	Con-ti-niu	Continuar
Necessary	Ne-ce-sa-ri (la a se aproxima a una e).	Necesario
Manage	Ma-nach	Manegar/ Gestionar/ Gerenciar
Events	I-vents (la t es la th vocalizada).	Eventos
Reach	Rich	Alcance
Regret	Ri-gret	Arrepentimiento
Energy	E-ner-yi	Energía
Owner	Ou-ner	Dueño
Else	Els	Otro
Spices	Spai-ses	Especias
Taste	Teist (la segunda t es la	Sabor

	th vocalizada).	
Objective	Ob-yec-tiv	Objetivo
Some	Som	Algo/ Alguno/ Algunos
Hard	Jard	Duro/ Difícil
Free	Frii	Libre/ Gratis
Channel	Cha-nel	Canal/ Canalizar
Recently	Ri-sent-li (la t es la th vocalizada).	Recientemente
Experience	Ex-pi-riens	Experiencia
Share	Cheir (la ch está suavizada y ligeramente arrastrada).	Comparte/ compartir
Dishes	Di-ches (la ch está suavizada y ligeramente arrastrada).	Platos/ platillos
Project	Pro-yect (la t es la th vocalizada).	Proyecto
Video	Vi-dio (la i de "dio" se aproxima a la e).	Video
Flight	Flaigt (la g es sutil y la t es la th vocalizada).	Vuelo
True	Tru	Verdad
False	Fols (la o se aproxima a una a).	Falso
Shy	Chai (la ch está suavizada y ligeramente arrastrada).	Tímido
Drawer	Dra-vuer	Gaveta/ Gavetero
Type	Taip	Tipo/ Escribir en teclado.
Disturbing	Dis-tor-bin (la o se aproxima a una u).	Perturbador/ Inquietante
Wind	Vuind	Viento
Ridiculous	Ri-di-quiu-lus	Ridículo
Recommend	Re-co-mend (la d es la	Recomendar

| th vocalizada). | |

Historia I (En Inglés) She Travels (Ella Viaja)

My life is the life of a traveler! My work makes me travel very much. I am a professional cook. I lead the preparation of food for large events. I work for a television channel. I record programs in which I try dishes from many different cuisines. I try anything that's edible. I love to travel, and I love my job. I stay with the locals everytime I travel. I'm doing my best to explore local taste. I want to be a good cook and own a restaurant. I went to India recently. There are many cuisines there. I went there for a project. I stayed in the hotel where I would record programs. I tried local dishes, and I redesigned this dish with different flavor. I would like to share my experience from India. It's a country used to spices. I bought spices there that I can't find anywhere else. I used their spices in the program. The television channel sends me to different countries. For some, it's a dream to travel anywhere for free; this is the case for me too. I live my dream life. I'm young and energetic. I work very hard. Some people say that I'm lucly, but that's not entirely true. I worked really hard to succeed. What is a dream life for you? Are you doing something to achieve your goals?

Historia I (En Castellano) Ella Viaja

¡Mi vida es la vida de una viajera! Mi trabajo me hace viajar mucho. Yo soy una cocinera profesional. Lidero la preparación de la comida para eeventos grandes. Yo trabajo para un canal de televisión. Grabo programas en los cuáles pruebo platillos de varias gastronomías diferentes. Yo pruebo cualquier cosa que sea comestible. A mi me encanta trabajar, y me encanta mi trabajo. Yo me quedo con los lugareños cada vez que viajo. Hago mi mejor esfuerzo por explorar los gustos locales. Yo quiero ser una buena cocinera y tener un restaurante. Yo fui para la India recientemente. Ahí hay muchas gastronomías. Fui para allá por un proyecto. Yo me quedé en el hotel donde grabaría los prograbas. Yo probé platillos locales, y rediseñé este platillo con un sabor distinto. Me gustaría compartir mi experiencia de la India. Es un país acostumbrado a las especias. Ahí compré especias que no puedo encontrar en ningún otro lugar. Yo usé sus especias en el programa. El canal de televisión me envía a países distintos. Para algunos, es un sueño viajar a cualquier lugar gratis; este también es mi caso. Yo vivo mi vida soñada. Yo soy joven y energética. Yo trabajo muy duro. Algunas personas dicen que soy afortunada, pero eso no es completamente verdad. Yo trabajé muy duro para atener éxito ¿Qué es una vida soñada para ti? ¿Estás haciendo algo para lograr tus objetivos?

Historia II (En Inglés) Lost Money (Dinero Perdido)

From being poor to being rich and then falling back into poverty! It's a story about a young woman. She comes from a family with no money. She took a loan from a bank to study in college. Also, she dreams with wearing good clothes and having nice things. She needs money. She wants to repay the loan. She must take care of her family. She has been buying lottery tickets for one entire year. She spends 10 euros every month to buy a ticket. She's trying her luck. She waits in a long line to win the lottery. She wishes to get the winning number. Just like the others, she wants to be a winner. She chooses her lucky number each time she buys a ticket. One day, her lucky number worked and she finally won the lottery. She won 500 thousand euros. She went from poor to rich in just one day. She couldn't believe it. She told her parents and her friends. She started dreaming of a life without problems. She went to the mall to buy gifts for her friends and relatives. She did a lot of shopping in the mall. She bought a car and expensive clothes. She forgot about all of her problems. She spent all the money like that. The next day, she woke up crying. She'd wasted all of her money. Once again, she was poor. She deeply regretted everything that she'd done. She kept buying tickets. She still hopes to win the lottery once again. This time, she promises that she'll use her money wisely. The moral of the story is: One shall never waste money.

Historia II (En Castellano) Dinero Perdido

¡De ser pobre a ser rica y luego volver a la pobreza! Es una historia sobre una mujer joven. Ella viene de una familia sin dinero. Ella tomó un préstamo bancario para estudiar en una universidad. Además, ella sueña con usar buenas prendas de ropa y tener cosas agradables. Ella necesita dinero. Ella quiere pagar su préstamo. Ella debe hacerse cargo de su familia. Ella ha estado comprando boletos de lotería por un año entero. Ella gasta 10 euros mensuales para comprar un boleto. Ella está probando su suerte. Ella espera en una larga línea para ganar la lotería. Ella desea obtener el número ganador. Así como todos los demás, ella quiere ser una ganadora. Ella elige su número de la suerte cada vez que compra un boleto. Un día, su número de la suserte funcionó y ella finalmente ganó la lotería. Ella se ganó 500.000 euros. Pasó de ser pobre a rica en tan sólo un día. Ella no podía creerlo. Le dijo a sus padres y a sus amigos. Ella empezó a soñar con una vida sin problemas. Se fue al centro comercial a comprar regalos para sus amigos y familiares. Hizo muchas compras en el centro comercial. Ella se compró un automóvil y ropa costosa. Ella se olvidó de todos sus problemas. Se gastó todo su dinero de esa forma. El siguiente día, se despertó llorando. Ella se había gastado todo su dinero. Una vez más, ella era pobre. Ella estaba profundamente arrepentida de todo lo que había hecho. Ella siguió comprando boletos. Ella aún tiene esperanzas de ganar la lotería una vez más. Esta vez, ella promete que usará su dinero sabiamente. La moraleja de la historia es: Uno nunca debería desperdiciar dinero.

Conclusión

Vivimos en un mundo que nos bombardea constantemente con la lengua anglosajona. Los programas de televisión, las películas, y la música se producen en su mayoría en países que tienen el inglés como idioma original. La mayoría del contenido más valioso del mundo, sean libros, artículos científicos, o material de estudio y trabajo están en inglés. Esto significa que venimos al mundo con la desventaja de no tener el idioma universal como idioma nativo, pero también significa que es más fácil para nosotros adoptar y controlar este nuevo lenguaje.

El inglés en los medios audiovisuales será tu mejor aliado en la práctica del inglés hablado, y el inglés en texto te ayudará con la gramática del inglés escrito. Uno de los mejores consejos que puedes recibir es buscar tus canciones favoritas en inglés, traducirlas para entender lo que dicen, y cantarlas con total conocimiento de lo que se está expresando. Es una de las mejores formas de practicar pronunciación para los principiantes. Ver las series y películas en su idioma original (en la mayoría de los casos, inglés) también te ayudará con esto. Más adelante, cuando puedas ver series en inglés subtituladas en inglés, trabajarás el inglés a nivel más profundo, tanto la pronunciación como la gramática. Leer libros de un inglés sencillo, usualmente los libros escritos para un público joven, es lo que estará más a tu alcance para estudiar la escritura en este idioma. Los consejos abundan, pero ninguno es efectivo si no tienes una base teórica que respalde tu práctica del inglés.

El estudio y comprensión de este libro te proporcionará la base teórica que necesitas para dar los primeros pasos. Conversaciones simples y cotidianas que necesitarás manejar en viajes a países de habla no hispana estarán ahora a tu alcance gracias a este libro. Tómate el tiempo para estudiar todos los capítulos. Haz el esfuerzo de pronunciar bien desde el principio para crearte el hábito de hablar correctamente. Este libro te otorga la oportunidad de dar los primeros pasos de forma correcta. Pon el empeño necesario, y pronto formarás parte de las filas de los angloparlantes.